Der Marionettenstaat

1. Auflage November 2005
2. Auflage Oktober 2006

Lektorat: Dr. Renate Oettinger
Umschlaggestaltung: Agentur ZERO, München
Satz und Layout: Bürodienstleistungen Rauch, Rosenfeld
Druck und Bindung: GGP Media GmbH, Pößneck

ISBN 3-938516-18-6

Gerne senden wir Ihnen unser Verlagsverzeichnis:
KOPP VERLAG
Pfeiferstraße 52
D-72108 Rottenburg
E-mail info@kopp-verlag.de
Tel. (0 74 72) 98 06 0
Fax (0 74 72) 98 06 11

Unser Buchprogramm finden Sie auch im Internet unter:
www.kopp-verlag.de

Günter Hannich

Der Marionettenstaat

So durchschauen Sie die Methoden der Drahtzieher!

JOCHEN KOPP VERLAG

INHALT

Vorwort 13

Wie treibt man die Menschen zur Mehrarbeit an – ein Szenario? 15

Die Systemzwänge führen zur Unfreiheit 19
- Geld – die Grundlage des Systems 19
  - *Der Fehler des Finanzsystems 20*
  - *Der Störfaktor Zins 21*
  - *Zusammenbruch jedes Zinssystems 21*
- Reale Entwicklung heute 22
- Entstehung von Arm und Reich 22
- Die Folgen des Systems 24

Die perfekte Ablenkung – Desinformation statt Information 27
- Die Unterhaltungsindustrie – die Jugend verkommt 29

Massenmensch gegen Individuum 31
- Machtausübung durch Massengesellschaft 31
- Die Schule als Herrschaftsinstrument 32
- Der Massenmensch 34

Arbeitgeber gegen Arbeitnehmer – der klassische Gegensatz 37
- Das leistungslose Einkommen 39
- 1-Euro-Sklavenarbeit 40
  - *Sinkende Löhne und Mehrarbeit 41*

Jung gegen Alt – gegeneinander ausgespielt durch den »Generationenvertrag« ... 43
Ein Umlagesystem funktioniert nicht ... 44
Der Sinn für das System ... 45

Das Rechtssystem – die geschürte Angst ... 47
Das Internet im Kreuzfeuer des Systems ... 50
Das Abmahnungswesen im Internet ... 50
Urheberrechte gefährden die Demokratie ... 53
Mit dem Antidiskriminierungsgesetz zur Diskriminierung der Bevölkerung ... 54
Der europäische Haftbefehl – jeder wird kriminalisiert ... 57
Die EU als Nachfolger der Sowjetunion? ... 59
Terrorismus – das Alibi, um die Freiheit abzuschaffen? ... 61

Der Überwachungsstaat – George Orwell läßt grüßen ... 65
Die Entwicklung zum Überwachungsstaat ... 66
Immense Ausmaße der Überwachungstechnik ... 67
RFID-Chips – die lautlose Überwachung ... 67
Handys – tragbare Wanzen für jedermann ... 69
Autobahnmaut – jeder wird registriert ... 71
Kommunikationsüberwachung – der Große Bruder hört mit ... 72
DNA-Analyse – die perfekte Kontrolle ... 74
Kontoüberwachung – jeder ist verdächtig ... 75
Kriminalisierung des Bargeldes ... 77
Luftsicherheitsgesetz – es wird scharf geschossen ... 78

Frau gegen Mann – der inszenierte Geschlechterkampf ... 81
Historisches Zusammenleben ... 82
Die ursprüngliche natürliche Rollenverteilung ... 83
Die »einsame Insel« als Gedankenbeispiel ... 85
Mit dem Feminismus zur Männerunterdrückung ... 86
Gleichstellung kontra Gleichberechtigung ... 88
Der Mann ist immer schuld – auch wenn er unschuldig ist ... 89
Die Kinder werden instrumentalisiert ... 92
Verbotene Vaterschaftstests ... 93
Die Opferindustrie ... 97
Unmöglichkeit einer Familiengründung heute ... 98
Berufliche Privilegierung der Frau ... 100

Die Medien: Der Mann als Lachnummer 102
Männer arbeiten mehr 105
Die Zwangsprostituierten-Geschichte 106
Die Folgen des Feminismus 108
Einschüchterung der Männer 112
Erzeugen von Mißtrauen 116
Die Gender-Mainstreaming-Strategie 117
Frauenmangel – der ungerechte Beziehungsmarkt 119
Den Opfern wird die Schuld zugeschoben 122
Verstärkung des Frauenmangels 123
Frauenmangel und überzogene Anforderungen an Männer 126
Frauenansprüche hängen direkt vom Geschlechterverhältnis ab 128
Pornographie, um Männer an das System zu binden 129
Frauenmangel als Grundpfeiler der Antimännerbewegung 130
Mit der sexuellen Revolution zur Abhängigkeit 131
Die alte Ordnung 133
Die fatalen Folgen – wenn zwei sich streiten, freut sich der Dritte 134

Wege zur stabilen Gesellschaftsordnung 137
Silvio Gesell (1862–1930) 137
Auswirkung umlaufgesicherter Währung 138
Demokratie statt Parteiendiktatur 140
Wahlbeeinflussung 141
Marktwirtschaft als richtige Demokratie 142
Gerechte Wahlen 143

Zusammenfassung und Ausblick 145

Quellenverzeichnis 149

Finanzberatung und Vortragsveranstaltungen des Autors 153

Weitere Bücher des Autors 155

»Die Völker werden so sehr betrogen,
weil sie immer einen Betrüger suchen:
nämlich einen aufregenden Wein für ihre Sinne.
Wenn sie nur den haben können, dann nehmen sie
wohl mit schlechtem Brote fürlieb. Der Rausch
gilt ihnen mehr als die Nahrung – hier ist der
Köder, an dem sie immer anbeißen werden!«

Friedrich Nietzsche
Philosoph

VORWORT

Wer heute unsere Gesellschaft betrachtet, der sieht, daß sie in immer mehr Gruppierungen zerfällt, die sich gegenseitig bekämpfen und argwöhnisch beobachten. Daneben wird eine immer schnellere Verschlechterung der Lebensbedingungen deutlich. Zunehmend werden Menschen arbeitslos, bisherige Sicherheiten werden abgebaut, und Angst um die Existenz erwächst daraus. Diese Entwicklungen entstehen aus schwerwiegenden Fehlern in unserem Finanzsystem. Um dies zu kaschieren und gleichzeitig die Menschen zu immer größerer Arbeitsleistung anzutreiben, wird nach dem Grundsatz von Niccolo Machiavelli, einem Berater der Herrschenden im Mittelalter, verfahren: »Teile und herrsche«. Man spaltet die Gesellschaft in immer mehr verfeindete Gruppen auf. Je mehr die Menschen dann mit eigenen Streitigkeiten beschäftigt sind, um so mehr kann eine dringend erforderliche Erneuerung dieses maroden Systems verhindert werden.

Während meine bisherigen Bücher detailliert die Folgen und Ursachen sowie individuelle Auswege der Systemfehler im Finanzbereich aufdecken, wird in diesem Buch etwas anderes aufgezeigt: Warum ändert sich nichts, obwohl die Mißstände immer deutlicher werden? Wer diese Frage untersucht, entdeckt immer wieder das Prinzip »Teile und herrsche«. Solange die Menschen nicht erkennen, wie sie gegeneinander ausgespielt werden, solange wird sich an den Zuständen auch nichts ändern.

Da werden beispielsweise ganz klassisch Unternehmer gegen Arbeitnehmer ausgespielt, die Jungen gegen die Alten gehetzt und am wichtigsten: die Familien durch einen inszenierten Geschlechterkampf Frau gegen Mann zerstört.

Daneben wird eine Art Polizei- und Überwachungsstaat aufgebaut. Grundrechte und Freiheiten werden schleichend eingeschränkt, und ein fast lückenloser Überwachungsstaat wird vorbereitet.

Nur wer diese Mechanismen durchschaut und die richtigen Konsequenzen daraus zieht, kann seine Sicherheit und Freiheit auch in Zukunft sicherstellen.

»Wenn Ihr Eure Augen nicht
gebraucht, um zu sehen,
werdet Ihr sie brauchen,
um zu weinen.«

Jean Paul Sartre

WIE TREIBT MAN DIE MENSCHEN ZUR MEHRARBEIT AN – EIN SZENARIO?

Stellen Sie sich folgendes fiktives Szenario vor:

Es treffen sich die reichsten und mächtigsten Personen, um zu beraten, wie man das einfache Volk besser kontrollieren und ausbeuten kann.

Der mächtigste Teilnehmer eröffnete die Runde:

»Meine Damen und Herren, es geht heute um ein neues Programm mit dem Ziel, die Arbeitsleistung der Masse zu unseren Gunsten zu steigern und gleichzeitig Widerstand zu minimieren.

Der Grundsatz wird sein: Wenn man Hamster motivieren möchte, dürfen sie nicht merken, daß sie im Hamsterrad laufen. Deshalb muß man sie daran hindern, über ihr Dasein näher nachzudenken. Dazu dienen alle Arten von Unterhaltung und Konsum.

Doch das Wichtigste: Wir werden das einfache Volk in viele untereinander verfeindete Gruppen zerteilen. Die große Masse wird aus unseren Arbeitstieren bestehen. Diese werden für einen geringen Lohn in unseren Unternehmen produktiv arbeiten. Der Lohn wird gerade so hoch sein, daß er für die Existenz reicht, jedoch keinesfalls dazu Ersparnisse anzusammeln, um damit Freiheit zu erlangen.

Damit den Hamstern das Geld auch wirklich nie reicht und sie nicht im Traum daran denken, das Hamsterrad zu verlassen, werden wir ihnen einreden, daß man nur leben könne, wenn man allen möglichen teuren Modeschnickschnack habe. Da ihr Einkommen für so etwas jedoch nicht reicht, werden wir sie animieren, sich zu verschulden, und sie dadurch zwingen, noch schneller im Hamsterrad zu laufen.

Auch werden wir immer einen Teil der Mittellosen arbeitslos lassen. Dann müssen die Arbeitenden ständig Angst haben, ihren Job zu verlieren und zu den Arbeitslosen abzurutschen. Lohnforderungen werden allein dadurch unterdrückt. Wenn wir das noch weltweit praktizieren und alle möglichen Arbeiter aus den unterschiedlichsten Ländern gegeneinander ausspielen, können auch Arbeitergruppierungen wie Gewerkschaften nichts mehr ausrichten. Daneben treiben wir durch eine solche Spaltung einen Keil in die Masse. Die eine arbeitslose Gruppe wird die andere arbeitende argwöhnisch und mit Haß und Neid betrachten. Während sich die beiden Gruppen streiten, wird niemand mehr sehen, daß wir die eigentlichen Gewinner im Hintergrund sind.

Eine andere, kleinere Gruppe wird die Aufgabe haben, die Masse lückenlos zu überwachen, zu schikanieren, zu bedrohen und sofort niederzumachen, sobald einige der Arbeitstiere versuchen, sich an unseren Vermögen zu vergreifen oder Stimmung gegen uns zu machen.

Außerdem werden wir die Gruppe der Arbeitstiere wegen ihrer bedrohlichen Größe noch weiter aufspalten, um eine Solidarität unter ihnen zu untergraben. Wir teilen sie in die Stammbelegschaft, die Leiharbeiter und die Arbeitslosen. Wir sorgen durch deutlich unterschiedliche Behandlung und Lebensbedingungen für Neid und gegenseitige Abneigung unter ihnen.«

»Oh ja, das klingt gut!«, sagte einer in der Gruppe. »Wie machen wir das?«

»Wir bauen uns einen schlagkräftigen Staatsapparat, der die Masse durch immer mehr Steuern und undurchschaubare Vorschriften in Atem hält. Unsere weitere Gruppe der Habenichtse wird also aus Beamten, Richtern, Polizisten, Gefängniswärtern, Geheimdienstlern, Schnüfflern aller Art, Bodyguards, Spezialeinheiten und aus sonstigen Ordnungskräften bestehen. Natürlich werden wir die Gruppe der Bewacher etwas besser bezahlen als die Gruppe der Arbeitstiere. Auch können wir ihnen etwas sicherere Arbeitsplätze geben – das schafft die nötige Distanz und Abneigung zwischen den beiden. Die Bewacher werden sich ganz sicher davor hüten, ihre Besserstellung durch unpäßliches Verhalten zu gefährden.«

»Und was, wenn sich trotzdem Widerstand regt?«

»Wir schaffen immer mehr Gesetze und Vorschriften, so viele, daß sie niemand mehr kennen oder einhalten kann. Dann ist jeder zu jeder Zeit kriminell und kann von uns belangt werden. Die Angst wird die meisten von jedem Widerstand abhalten und sie im Hamsterrad laufen lassen.

Zusätzlich schaffen wir einen Überwachungsstaat mit ausgefeilter Technik, in dem jeder zu jeder Zeit lückenlos kontrolliert wird.«

»Aber was machen wir, wenn die Masse sich in das eigene Heim zurückzieht und in der Familie Rückhalt und Stärkung sucht?«, fragt ein Teilnehmer beängstigt.

»Das ist ein ganz zentraler Punkt. Wir müssen dazu einen Keil zwischen Mann und Frau treiben. Wir erzählen den Frauen, daß die Männer ihre Gegner seien und sie seit Urzeiten unterdrückten. Nur indem sie die harte Männerarbeit verrichten, so sagen wir ihnen, können sie Anerkennung finden und Karriere machen. Damit haben wir wieder neue Hamster, die sogar freiwillig im Rad laufen und den anderen neue Konkurrenz machen. Durch diese scheinbare Unabhängigkeit trennen wir die Frauen von ihren natürlichen Beschützern, den Männern. Daneben sorgen wir dafür, daß es immer einen Frauenmangel gibt. Dann sind die Männer dazu gezwungen, härter zu arbeiten, um überhaupt bei den Frauen Interesse zu wekken. Gleichzeitig wird damit jeder Widerstand gegen diesen Zustand im Keim erstickt – wer will schon als scheinbarer »Frauenfeind« dastehen? Ein übriges tun eine immer größere Privilegierung der Frauen und ein neues Scheidungsrecht, das den Mann einseitig zu hohen Unterhaltszahlungen und damit Mehrarbeit zwingt.«

»Hervorragend!«, konstatierten gleich mehrere der Anwesenden hellauf begeistert. »Ja, aber ein solcher Sicherheitsapparat, einschließlich der Politiker, das wird uns doch eine Stange Geld kosten – ist es nicht viel zu teuer?«, meldete einer Bedenken an.

»Nein, es kostet uns fast nichts«, sagte der Vorsitzende.

»Wie soll das denn gehen?«, fragten einige ganz erstaunt.

»Ganz einfach. Wir lassen die Arbeitstiere selbst ihre Bewacher und die Politiker finanzieren – und zwar durch hohe Steuern und Abgaben. Dann müssen sie auch immer mehr arbeiten und haben gar keine Zeit mehr nachzudenken.«

»Genial!«, riefen alle entzückt.

»Danke, meine Damen und Herren. Ich wußte, daß ich Ihre Zustimmung zu diesem Plan bekommen werde.«

Ob es solch ein Treffen je gegeben hat, ist fraglich, aber unser System steuert genau auf die beschriebene Entwicklung zu.

DIE SYSTEMZWÄNGE FÜHREN ZUR UNFREIHEIT

Um zu erkennen, welche Entwicklungen in Zukunft zu erwarten sind, ist es unverzichtbar, die grundlegenden Mechanismen des Systems zu verstehen.

Dabei ist es völlig gleichgültig, ob jemand im Hintergrund die Ereignisse gezielt steuert oder ob alles zufällig abläuft. Dieses System ist von sich aus instabil und steuert automatisch auf einen Zustand der Armut und Unfreiheit zu. Die Politik verstärkt dabei den Trend noch zusätzlich durch fragwürdige Entscheidungen. Worin begründet sich nun dieses System, und warum ist es zum Zusammenbruch verurteilt?

Geld – die Grundlage des Systems

Da die genaue Funktion und die Fehler im Geldsystem bereits in den Büchern »Deflation – die verheimlichte Gefahr« oder »Börsenkrach und Weltwirtschaftskrise« umfassend beschrieben worden sind, folgt hier nur eine kurze Zusammenfassung der Geldproblematik. In diesem Buch geht es ergänzend darum, warum es denn zu keinen Änderungen kommt und warum die Gesellschaft so zerteilt ist wie heute.

Unser System begründet sich auf einer intensiven Arbeitsteilung. Das heißt, daß nicht jeder alles herstellt wie zur Steinzeit, sondern jeder sich spezialisiert. In der Summe ist eine Wirtschaft mit Arbeitsteilung hundert- oder sogar tausendmal leistungsfähiger als eine ohne Spezialisierung. Das bedeutet, daß sich unsere heutige

Gesellschaft auf der jeweiligen Wirtschaftsform aufbaut. Kommt es zu Wirtschaftskrisen, dann zerfällt auch sofort die Gesellschaft. Damit jedoch die Arbeitsteilung richtig funktionieren kann, ist ein Tauschmittel notwendig, da ein reiner Warenaustausch zu ineffektiv ist. Man braucht also »Geld«, mit dem Waren und Dienstleistungen bezahlt werden können. Dieses Geld ist dann wiederum die Grundlage der Wirtschaft. Damit baut sich jede Gesellschaft folgendermaßen auf:

Geld – Wirtschaft – Gesellschaft – Kultur

Demnach ist der zentrale Punkt unseres ganzen Zusammenlebens das Geld. Kommt es dort zu Störungen, dann wirkt sich das unmittelbar auf die Wirtschaft, die Gesellschaft und die Kultur aus. Dies ist auch die Ursache dafür, daß in Finanzkrisen alles zerfällt. So kam es nach der Finanzkrise 1929, dem großen Börsenkrach in den USA, weltweit unmittelbar zu Störungen in der Wirtschaft, zu Massenarbeitslosigkeit, Kriminalität, Zerfall der Gesellschaft und später zum Zweiten Weltkrieg.

Der Fehler des Finanzsystems

Wo liegt nun der fatale Fehler im Finanzsystem, der immer wieder das Gebäude zum Einsturz bringt und die Gesellschaft aufspaltet?

Der Fehler liegt darin, daß der Geldumlauf nicht konstant ist: Stabil kann die Wirtschaft nur dann sein, wenn genügend Tauschmittel Geld vorhanden ist, um die Abwicklung der Kaufvorgänge sicherzustellen. Das wird an einem Beispiel deutlich: Angenommen, unter zehn Personen gibt es nur einen Zehn Euro-Schein, mit dem jeder vom anderen Waren kauft. Würde nun ein Teilnehmer diesen Schein einstecken und nichts mehr kaufen, hätte dies zur Folge, daß unmittelbar die Wirtschaft dieser kleinen Gesellschaft zusammenbrechen müßte, da niemand mehr etwas kaufen kann.

Dies ist ein vereinfachtes Beispiel dafür, wie wichtig das Vorhandensein des Tauschmittels Geld ist. Die reale heutige Wirtschaft ist zwar im Detail komplizierter aufgebaut, funktioniert jedoch im Großen und Ganzen genauso wie die einfache Zehn-Teilnehmer-Gesellschaft. Solange das Geld als Tauschmittel umläuft, so lange geht alles gut. Wenn jedoch das Tauschmittel gehortet wird, gibt es Probleme.

Der Störfaktor Zins

Aus der Möglichkeit, Geld praktisch verlustlos zu horten, entsteht der Zins: Geld ist ein knappes, begehrtes Gut, das jeder nur ungern wieder hergibt und das auch einfach zu horten ist. Deshalb möchte jeder, der darüber verfügt, eine Belohnung bzw. einen Anreiz dafür haben, daß er sich auf Zeit von seinem heißgeliebten Reichtum trennt, wenn er es verleiht. Also fordert derjenige, der mehr Geld hat, als er zum Leben braucht, für das Verleihen einen Zins. Die übrige Gesellschaft ist dabei darauf angewiesen, sich dieses Geld zu leihen, da es für die Wirtschaft benötigt wird. Es ist wie bei der Zehn-Personen-Gesellschaft, bei der es nur einen Zehn-Euro-Schein gibt: Steckt einer den Schein ein, können alle nicht mehr handeln. Deshalb müssen sie dem Geldhorter einen Anreiz, einen Zins dafür anbieten, damit sich dieser wieder von dem Schein trennt und der Handel weitergehen kann.

Der Zins entsteht also aus dem Umstand, daß Geld jederzeit gehortet werden kann. Damit haben diejenigen, die mehr Geld besitzen, als sie brauchen, eine Monopolstellung in der Wirtschaft sie kontrollieren damit die zentrale Stelle im ganzen Zusammenleben.

Zusammenbruch jedes Zinssystems

Der Zins führt nun dazu, daß sich das gesamte Finanzsystem ständig aufschuldet – und das mit steigender Geschwindigkeit. Nehmen wir wieder das Beispiel der Zehn-Personen-Gesellschaft:

Wenn einer den Geldschein einsteckt und nur gegen Zahlung von jährlich zehn Prozent Zins wieder ausleiht, dann müssen nach einem Jahr an ihn elf Euro zurückbezahlt werden. Da es jedoch nur zehn Euro real gibt, muß man beim Geldverleiher »anschreiben«. Das heißt, er verleiht wieder für ein Jahr die zehn Euro zu zehn Prozent Zins und schreibt den einen fehlenden Euro an, auf den dann ebenfalls zehn Prozent Zins fällig werden. Damit verdoppelt sich die gesamte Verschuldung etwa alle sieben Jahre rein rechnerisch.

Das bedeutet, daß aus den zehn Euro Anfangsschuld nach sieben Jahren zwanzig, nach vierzehn Jahren vierzig, nach einundzwanzig Jahren achtzig und nach achtundzwanzig Jahren einhundertsechzig Euro geworden sind.

Reale Entwicklung heute

Daß dies nicht nur eine bloße Rechnung ist, sondern sich genau so in unserer Zeit abspielt, zeigt die Betrachtung der Gesamtverschuldung in Deutschland *(Abb. 1)*.

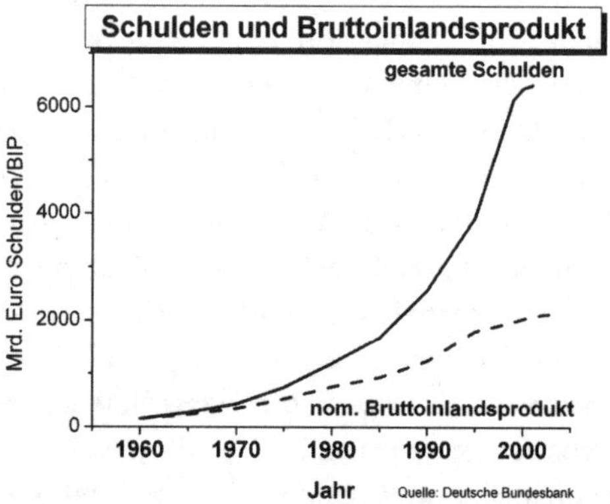

Abb. 1: Gesamtverschuldung in Deutschland im Vergleich zum Bruttosozialprodukt

Wenn man die Entwicklung der Gesamtverschuldung (Summe der Verschuldung von Staat, Unternehmen und Privathaushalten) mit dem Verlauf des Bruttoinlandsproduktes vergleicht, dann wird schnell deutlich, daß die Schulden dreimal schneller wachsen als die Wertschöpfung. Außerdem wird deutlich, daß sich die Verbindlichkeiten exponentiell, also mit zunehmender Geschwindigkeit, vermehren, während das Bruttoinlandsprodukt nur gleichmäßig linear ansteigt. Das bedeutet, daß uns die Schulden davonlaufen, je mehr Zeit vergeht, weil es immer schwerer wird, die Zinslasten zu erwirtschaften.

Das ist der Grund dafür, daß die allermeisten immer mehr arbeiten und alle im Hamsterrad laufen müssen! Deshalb kommt es überhaupt erst zur Zerteilung der Gesellschaft in unterschiedliche Gruppen, die sich bekämpfen und aufeinander neidisch sind. Dabei entsteht erst die grundsätzliche Differenz zwischen Arm und Reich. Wie kommt es dazu?

Entstehung von Arm und Reich

Den Unterschied zwischen Arm und Reich sollte man nicht verwechseln mit dem Unterschied zwischen Fleißig und Faul. Wer fleißig ist, kann mit Recht mehr beanspruchen als jemand, der faul ist. Solange Geld aus eigener Leistung, aus eigener Arbeit entspringt, ist auch gegen hohe Einkommen nichts einzuwenden. Ganz anders sieht es aus, wenn Einkommen aus leistungslosen Quellen entspringt, zum Beispiel risikolos aus einer Geldanlage bei der Bank, als Zinsertrag durch Geldverleih. Für Zinsgewinne wird nicht mehr gearbeitet, dafür müssen die anderen Teile der Gesellschaft um so mehr schuften, um die entsprechenden Zinslasten zu bewältigen. Dabei entspricht ein Euro Vermögen auch immer gleich einem Euro Schulden bei jemand anderem. Dazu kommt, daß jeder Euro Zinsgewinn automatisch wieder einen Euro Neuverschuldung für die Gesellschaft bedeutet. Damit dieser eine Euro Zinsgewinn realisiert werden kann, muß wieder beim Geldverleiher »angeschrieben«, also Schulden gemacht werden – wie in unserem Beispiel oben.

Daß dies keineswegs nur theoretische Betrachtungen sind, sondern sich alles real so entwickelt, zeigt die folgende Abbildung.

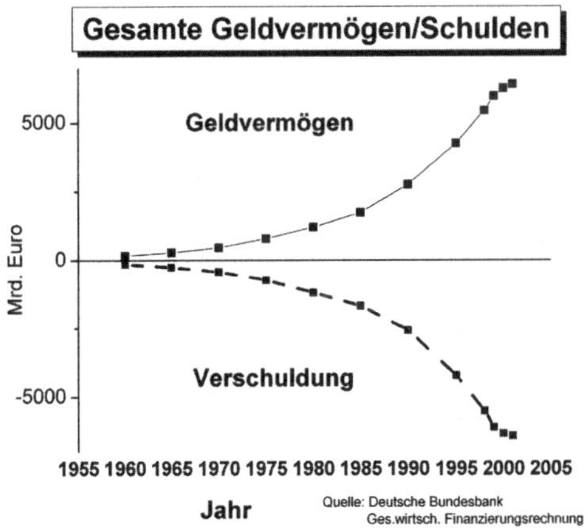

Abb. 2: Exponentielle Entwicklung der gesamten Schulden und der Geldvermögen

Hier wird auch deutlich, warum im heutigen System nie irgendwie gespart werden kann, ohne daß nicht ein anderer diesen Betrag wieder als Kredit aufnehmen müßte: Da das gesamte vorhandene Geld nur durch Zins wieder in Umlauf kommt und der

Zins jährlich gezahlt werden muß, ist es unabdingbar, daß sich die gesamte Volkswirtschaft genau um diesen Betrag wieder neu verschuldet. Würde dies nicht mehr der Fall sein, das heißt, keine ausreichenden Zinsgewinne mehr fließen, dann würde es augenblicklich eine große Krise geben. Es existiert also ein Verschuldungszwang: Wenn Herr Mayer seine Schulden abbezahlt, dann muß irgend jemand anderer – egal, ob Herr Müller, das Unternehmen xy oder der Staat – genau diesen Betrag wieder als Schuld aufnehmen.

Da sich das Geld jedoch durch den Zins in immer weniger Taschen ansammelt, wird es gleichzeitig für den Großteil der Bevölkerung zunehmend schwerer, genug Geld zum Leben zu verdienen. Durch den Zins wird der Wirtschaft ständig Geld entzogen, das bedeutet, dieses System ist deflationär *(siehe Buch »Deflation – die verheimlichte Gefahr«)*.

Die Folgen des Systems

Nur mit diesem Hintergrundwissen ist es möglich zu verstehen, warum unsere Gesellschaft – wie in den folgenden Kapiteln beschrieben – immer weiter zerfällt. Durch dieses System erst kommt es zu Armut, Arbeitslosigkeit, Krisen und Kriegen. Das System explodierender Zinslasten macht es erforderlich, die Menschen immer mehr zur Arbeit anzutreiben, das Hamsterrad immer schneller laufen zu lassen. Die Verantwortlichen müssen also, wenn sie das System nicht an sich ändern wollen, überlegen, wie man dies anstellen kann, ohne daß die Menschen die Hintergründe genau durchschauen. Deshalb beschäftigt man die Menschen mit allerlei Unterhaltung und inszeniert politische Schaukämpfe – vor allem aber: Man zerteilt die Gesellschaft in unterschiedliche, sich gegenseitig bekämpfende Gruppen.

Doch muß das gar nicht einmal bewußt so geplant sein: Schon allein der Streit um das durch die hohen Zinslasten immer geringer werdende Geld spaltet die Gesellschaft von selbst. Politisch wird dies dann meist noch angeheizt, um von eigenen Fehlern abzulenken und nicht die leidige Systemfrage stellen zu müssen. Aus diesem Grund wird auch eine kräftige, permanente Desinformationskampagne durch die Massenmedien durchgezogen.

*»Wenn man mit Recht vom Faulen sagt,
er tötet die Zeit, so muß man von einer
Periode, welche ihr Heil auf die öffentlichen
Meinungen, das heißt auf die privaten
Faulheiten setzt, ernstlich besorgen, daß eine
solche Zeit wirklich einmal getötet wird:
Ich meine, daß sie aus der Geschichte
der wahrhaften Befreiung
des Lebens gestrichen wird.«*

Friedrich Nietzsche, Philosoph

DIE PERFEKTE ABLENKUNG – DESINFORMATION STATT INFORMATION

Immer heißt es heute, wir würden in einer »Informationsgesellschaft« leben. Doch ist das wirklich so? Werden wir umfassend über die wichtigen Dinge informiert?

Die Realität sieht anders aus: Wer sich nur einmal die Nachrichten im Fernsehen aufmerksam ansieht, fragt sich hinterher, welche Informationen dort überhaupt geboten wurden? Meist kommen nur Meldungen über Dinge, die entweder völlig unwichtig sind, oder Sachen, die vom einzelnen nicht beeinflußt werden können.

Da ist beispielsweise die Rede von einem Schiffsunglück in Indien. So schlimm das ist, aber was nutzt dem Zuseher das – was kann er daraus lernen? Oder es ist die Rede von einem Treffen der Außenminister, die über eine Kriegsfrage beraten. Was nutzt diese Information, kann sie überhaupt vom einzelnen beeinflußt werden? Ist nicht der Krieg schon lange geplant und das Treffen nur Show?

Ohnehin wird meist nur über Tagespolitik berichtet: Darüber, daß Politiker x den Politiker y beleidigt hat usw. Die wirklich wichtigen Entscheidungen jedoch werden hinter verschlossenen Türen gefällt und öffentlich nicht diskutiert. So wurde in den Medien beispielsweise monatelang über die Kampfhundeverordnung diskutiert – etwas, was die wenigsten überhaupt betrifft. Die Einführung des europäischen Haftbefehls beispielsweise – der die gesamte freiheitliche Gesellschaft gefährden könnte – wurde demgegenüber nicht einmal ansatzweise öffentlich erörtert.

Den größten Teil der Nachrichten nimmt ohnehin der Sportteil ein. Wem nutzt es, abgesehen vom Unterhaltungswert, daß er umfassend darüber informiert wird, die Fußballmannschaft xy habe gegen die Mannschaft z verloren? Das alles sind Ablenkungen vom Wesentlichen, Brot und Spiele für das Volk.

Einen ganz besonderen Stellenwert nehmen die Gewinnspiele und Lotterien ein: Damit werden die Menschen an das System gefesselt, es wird die Illusion erweckt, man könne eines Tages selbst zu den Gewinnern gehören. Daß diese Chance winzig klein ist und in keinem Verhältnis zum bezahlten Geld steht, sagt natürlich keiner. Vor allem mit den »Jackpots«, also den angesammelten Gewinnen, die immer größer werden, können die Menschen wunderbar von wirklich wichtigen Informationen abgelenkt werden.

In den Nachrichten wird also viel geredet und wenig gesagt – es wird der Eindruck erweckt, daß man informiert werde, ohne jedoch wirklich wichtige Informationen geliefert zu bekommen, nach denen der einzelne handeln und die er beeinflussen könnte.

In den Zeitungen sieht es nicht viel besser aus: Es wird zwar etwas ausführlicher berichtet, jedoch werden keine logischen Zusammenhänge zwischen wichtigen Ereignissen geschaffen, durch die der Leser erst in der Lage wäre, die Informationen einzuordnen. Dabei sind dann meist noch die wirklich wichtigen Informationen in kleinen, unbedeutend erscheinenden Artikeln versteckt, während die Schlagzeilen für die Desinformation genutzt werden.

Es bleibt jedoch dabei: Solange der Leser nicht die Informationen einordnen kann und ihm keine logischen Zusammenhänge aufgezeigt werden, so lange ist auch die beste Berichterstattung nichts wert. Doch das Fokussieren auf unwichtige Details richtet noch mehr Schaden an: Indem über jeden Sack Reis, der in China umfällt, umfassend berichtet wird, wird weiterhin bei der Bevölkerung der Eindruck erweckt, man habe ein Interesse daran, über jedes Detail die Leute aufzuklären. Daß jedoch über die wirklich wichtigen Dinge gar nicht gesprochen wird, das fällt der Öffentlichkeit bei der Flut an Meldungen gar nicht mehr auf.

Doch welches System, welches Regime hatte je ein Interesse daran, die Bevölkerung irgendwie aufzuklären? Das würde die eigene Machtposition untergraben, weil die Menschen dann schnell merken würden, daß die Machthaber gar nicht nötig sind und sie selbst das Leben viel besser gestalten könnten. Jede Macht gründet darauf, daß der Machthaber der Bevölkerung Wissen voraus hat. Nicht umsonst heißt es im Sprichwort: »Wissen ist Macht!«

Die Unterhaltungsindustrie – die Jugend verkommt

Einen besonderen Stellenwert innerhalb der Desinformation nimmt die zunehmend ausufernde Unterhaltungsindustrie ein. Immer mehr besteht Leben anscheinend nur noch aus Unterhaltung. Sinnlose, leere »Talkshows«, Ratespiele, Unterhaltungsfilme und dergleichen bestimmen das Programm in den Fernsehsendungen und den Inhalt der Zeitungen und Zeitschriften. Dabei wird der Eindruck erweckt, als sei dies alles normal und man sollte sich gar nicht mehr mit den entmutigenden realen Dingen beschäftigen. Dies ist auch der Grund dafür, warum sich beispielsweise der Großteil der Jugendlichen überhaupt nicht mehr mit gesellschaftlichen Fragen auseinandersetzt. Es wird der Eindruck vermittelt, daß man ja »eh nichts ändern« könne; deshalb hält man sich am besten aus allem heraus und »genießt« das Leben.

Die Folgen davon sind überdeutlich: Anfang 2005 wurde im »Jahrbuch Sucht 2005« veröffentlicht, daß Kinder immer früher rauchen und mit dem Alkoholkonsum beginnen. Auch der Drogenkonsum sei besorgniserregend gestiegen, und das Alter für Eßstörungen sei in den letzten Jahren bedenklich gesunken. Alle fünf Jahre verdoppele sich der Anteil der 14-jährigen, die sich selber zu den regelmäßigen Alkoholtrinkern rechnen.[1] Der Konsum von Cannabis ist in den letzten 15 Jahren sogar um 130 Prozent gestiegen, und rund zwei Millionen Menschen konsumieren die illegale Droge regelmäßig. Das Einstiegsalter liegt inzwischen bei 16 Jahren, und mehr als 40 Prozent der 18- bis 20-jährigen Jugendlichen bekennen sich nach einer Studie zur Cannabiserfahrung. Der Konsum von Kokain ist in den letzten 15 Jahren sogar um 270 Prozent angestiegen.[2]

Neben den anwachsenden Süchten steigt vor allem auch die Gewaltbereitschaft unter den Jugendlichen: Einer Studie des Bundeskriminalamtes (BKA) zufolge verhielten sich fünf Prozent aller Schüler regelmäßig gewalttätig – bei insgesamt rund 12,5 Millionen Schülern in Deutschland seien das etwa 625 000 Schüler. Ein Drittel werde sogar gelegentlich handgreiflich. Dabei habe jeder dritte Schüler Angst davor, allein den Schulweg anzutreten. Schon 1997 gab jeder vierte Hamburger Jugendliche an, in diesem Jahr mindestens einmal Opfer der Gewaltdelikte Raub, Erpressung, sexuelle Gewalt und Körperverletzung geworden zu sein. Die geschätzten Dunkelziffern (nicht bei der Polizei gemeldete und angezeigte Fälle) seien dabei überaus hoch und würden zwischen 74 Prozent (Raub) und 98 Prozent (sexuelle Gewalt) liegen.[3]

Vor allem die Pornofilme im Fernsehen zeigen ihre Wirkung: So haben sich die Schwangerschaften und Abtreibungen bei Teenagern in den letzten zehn Jahren verdoppelt. Es kam schon vor, daß selbst zehnjährige frühreife Kinder schwanger wurden. In den Filmen wird eine Scheinwelt geboten, die von den Kindern noch nicht als solche erkannt werden kann. Die Neigung steigt, diese Scheinwelt nacherleben zu wollen. Es erscheint als normal, daß jeder mit jedem Sex zu allen Zeiten hat, und es ist dann nur noch eine Frage der Zeit, bis dies – meist bei einer Sauforgie – selbst ausprobiert wird. Dasselbe zeigt sich auch bei den Gewaltfilmen. So sah ein 14-jähriger immer wieder Horrorfilme an und erschreckte hinterher seine zehnjährige Cousine mit einem Beil in der Hand. Eines Tages war er von seinem Lieblingsfilm »Freitag, der 13.« so gefangen, daß er die Cousine mit dem Beil niederstreckte. Ein Experte meinte, daß es sich dabei um einen typischen Nachahmungsfall handelte, der ohne diesen Film nicht passiert wäre. Trotz Klagen gegen die TV-Firmen, die den Film sendeten, wurden nicht diese, sondern die Verwandten wegen Verletzung der Sorgfaltspflicht verurteilt.

Die zunehmenden Süchte, die Gewalt und die Teilnahmslosigkeit der Jugend machen deutlich, wie hoffnungslos die Situation dort angesehen wird. Statt irgendetwas zu hinterfragen, stürzt man sich lieber auf immer schneller aufkommende Modeerscheinungen: Da muß dann plötzlich jeder mit Tätowierungen und Nasenringen herumlaufen, um »in« zu sein – ohne zu bedenken, das genau das in früheren Zeiten Zeichen von Sklaven waren. Doch Jugendliche, die schon im jungen Alter kaum geistige Regungen zeigen, Dinge zu hinterfragen, die werden auch im Erwachsenenalter leicht dirigierbare Sklaven im Hamsterrad werden – und genau das ist es, was dieses System braucht. Das ist auch der Grund dafür, warum alles getan wird, einen Massenmenschen zu erzeugen.

»Während noch nie so volltönend von der ›freien Persönlichkeit‹ geredet worden ist, sieht man nicht einmal Persönlichkeiten, geschweige denn freie, sondern lauter ängstlich verhüllte Universal-Menschen. Das Individuum hat sich ins Innerliche zurückgezogen: außen merkt man nichts mehr davon.«

Friedrich Nietzsche, Philosoph

MASSENMENSCH GEGEN INDIVIDUUM

Zu keiner Zeit wurde wohl so viel von »Individualismus« geredet wie heute. Es wird immer behauptet, wir seien eine Gesellschaft aus lauter unabhängigen Individuen. Doch ist das wirklich der Fall?

Sind wir nicht vielmehr das Gegenteil einer individuellen Gesellschaft, nämlich eine große, dumpfe Massengesellschaft?

Eine Gemeinschaft aus Individuen würde bedeuten, daß jeder eine unabhängige Meinung hätte, jeder unabhängig denken würde. Doch sieht man sich die Realität an, beispielsweise die Ergebnisse von Meinungsumfragen, dann wird schnell deutlich, daß es mit der Individualität nicht weit her ist: Die große Masse an Leuten denkt, glaubt und tut nahezu das gleiche – meist das, was in den Medien als »in« oder »modern« tituliert wurde. Niemand will schließlich ein »Außenseiter« sein. Das ist auch der Grund dafür, warum sich die Wahlergebnisse im Großen und Ganzen seit Jahrzehnten kaum verändern und allenfalls geringfügig zwischen sich kaum voneinander unterscheidenden Parteien hin und her verändern.

Machtausübung durch Massengesellschaft

Ein wichtiger Grund, warum wir eine Massengesellschaft haben und dies auch mit allen Mitteln gefördert wird, ist der Umstand, daß ein Individuum eine eigene Denkweise hat. Wollte man solch ein Individuum manipulieren, dann müßte man sich genau auf seine Denkstruktur einstellen und die entsprechenden Methoden anwenden. Diese wirken jedoch nur bei diesem einen, einzigartigen Menschen und versagen bei den anderen in dieser Form. Das bedeutet, daß man eine Gemeinschaft aus Individualisten niemals beherrschen kann, da man sie nicht als Masse, sondern allenfalls einzeln kontrollieren kann.

Ganz anders sieht es bei der Massengesellschaft aus: Hier ähnelt jeder dem anderen in seiner Denkweise. Mit ein und demselben Manipulationsprogramm können also gleich Tausende oder Millionen Menschen gleichzeitig in die gewünschte Richtung gelenkt werden. Deshalb wird jedes Machtsystem immer alles daran setzen, eine Individualisierung der Menschen zu vermeiden und die Kollektivierung zu fördern. Über die Massenmedien ist das heute auch kein großes Problem. Gewünschte Meinungen werden einfach so lange immer wieder wiederholt und Gegenmeinungen unterdrückt und lächerlich gemacht, bis es die Massenmenschen glauben.

»So wie man uns jetzt erzieht, bekommen wir zuerst eine zweite Natur: und wir haben sie, wenn die Welt uns reif, mündig, brauchbar nennt. Einige wenige sind Schlangen genug, um diese Haut eines Tages abzustoßen: dann wenn unter ihrer Hülle ihre erste Natur reif geworden ist. Bei den meisten vertrocknet der Keim davon.«

Friedrich Nietzsche, Philosoph

Die Schule als Herrschaftsinstrument

Dazu kommt die staatliche und damit von den jeweiligen Machtmenschen gelenkte Schule. Warum wohl gibt es eine von oben verordnete »Schulpflicht«? Auch das übelste Terrorregime legt größten Wert darauf, das Schulwesen in der Hand zu halten. Um den Kindern etwas »nützliches« beizubringen, darum kann es allein nicht gehen: Der Lernerfolg in den Schulen ist minimal. Nach dem großen Zeitraum von zehn oder dreizehn Jahren Schule jedenfalls bleibt außer dem puren Lesen und Schreiben sowie den Grundrechenarten meist nur wenig übrig.

Kinder sind sehr wißbegierig, bevor sie in die Schule kommen, und könnten problemlos lesen, schreiben und sich die Grundrechenarten freiwillig durch spielerisches Lernen aneignen. Dazu kommt, daß in der Schule ein starres Programm vorgegeben wird, das keinerlei Rücksicht auf die individuellen Begabungen und vor allem die geistige Entwicklung der Schüler nimmt. Einer ist vielleicht schon mit fünf Jahren so weit, lesen zu lernen, ein anderer erst mit acht Jahren. Beide werden in der Schule dagegen in eine Altersklasse eingeteilt und leiden entsprechend darunter. Dazu kommt dann noch viel überflüssiger Stoff, der weder wichtig noch interessant noch überhaupt notwendig ist. Das Lernprogramm besteht dann darin, uninteressanten Lernstoff auswendig zu lernen und am Tag der Prüfung wie eine Schallplatte wiedergeben zu können, um ihn danach für immer zu vergessen, da im späteren Berufsleben ganz andere Anforderungen gestellt werden.

Überhaupt behält ein Mensch nur Wissen, das er freiwillig, aus Interesse lernt, alles andere geht wieder verloren, und das Lernen stellt dafür nur sinnlose Zeitverschwendung dar. Das Wissen der Welt ist heute so groß, daß ein Mensch selbst beim besten Willen gerade einen winzigen Bruchteil davon überhaupt erfassen könnte. Warum soll also in der Schule gerade willkürlich der Wissensstoff x gelehrt und y verschwiegen werden?

Viel sinnvoller als pures Auswendiglernen wäre es, den Kindern beizubringen, wo sie Informationen finden, wenn sie benötigt werden, und vor allem, wie man diese logisch verknüpft, um einen Sinn zu erkennen.

Doch genau das ist für jedes Herrschaftssystem, gleichgültig in welchem Land, überhaupt nicht erwünscht. Von klein auf sollen die Kinder lernen, daß sie nur »unwichtige Würstchen« sind und alles zu schlucken haben, was ihnen vorgesetzt wird. Zuviel nachfragen und hinterfragen, so lernen sie schnell, bringt in der Schule Ärger ein. Am besten kommt durch diese Zeit, wer den vorgesetzten Lehrstoff blind auswendig lernt und das Hinterfragen verlernt. Noch selbständig denkende Schüler gelten dann in diesem Umfeld schnell als Außenseiter und werden durch die Mitschüler-Massenmenschen entsprechend drangsaliert.

Dazu kommt, daß das Schulniveau mit der Zeit immer schlechter wird. Ältere Lehrer berichteten, daß es vor dreißig Jahren nur sehr selten Legastheniker gab, also Kinder mit einer Lese- und Schreibschwäche. Heute ist dies jedoch die Regel. Ebenso sieht es bei den Verhaltensauffälligkeiten aus, die dramatische Ausmaße angenommen haben.

Daß es nach einer solchen Institution am Ende fast nur noch Massenmenschen gibt, die gelernt haben, alles zu schlucken, was vorgesetzt wird, ist dann kein Wunder mehr. Es ist anscheinend auch der Sinn der Schule, Massenmenschen zu erzeugen. Dazu kommen die »Massen«-Medien, die ähnlich der Schule ganze Völker täglich bearbeiten und berieseln. Gewünschte Meinungen werden dargestellt, Zusammenhänge nicht erklärt, und der Massenmensch tut das, was er aus der Schule gelernt hat: alles aufnehmen und verinnerlichen und nichts hinterfragen!

Wie die Menschen als Masse manipulieren werden, erklärte der Franzose Le Bon schon vor über hundert Jahren.

»Die Nachteile des allgemeinen Stimmrechts fallen ohne Zweifel zu sehr in die Augen, als daß man sie verkennen könnte. Es ist nicht in Abrede zu stellen, daß die Kulturen das Werk einer kleinen Minderheit überlegener Geister gewesen sind ... Die Größe einer Kultur darf gewiß nicht von dem Stimmrecht untergeordneter Elemente abhängen, die nichts als eine Zahl bedeuten. Ohne Zweifel sind die Abstimmungen der Massen recht oft gefährlich«.

Le Bon, Psychologie der Massen, 1895

Der Massenmensch

Bei Le Bon ist der Grund dafür zu finden, daß die Menschen sich jedes Unrecht in unserem System gefallen lassen. Besonders den Drang des Menschen, sich einer Masse unterzuordnen, um damit seine eigene Unzulänglichkeit zu überdecken, erregte sein Interesse.

Nach Le Bon verliert der Mensch in der Masse jede Fähigkeit zum rationalen Denken und wird dabei nur noch durch Emotionen gelenkt: »Allein durch die Tatsache, Glied einer Masse zu sein, steigt der Mensch also mehrere Stufen von der Leiter der Kultur hinab. Als einzelner war er ein gebildetes Individuum, in der Masse ist er ein Triebwesen, also ein Barbar«. Dieser Effekt ist nach Le Bon übrigens nicht von der Intelligenz des Individuums abhängig: »Die Entscheidungen von allgemeinem Interesse, die von einer Versammlung hervorragender, aber verschiedenartiger Leute getroffen werden, sind jenen, welche eine Versammlung von Dummköpfen treffen würde, nicht merklich überlegen«. Die Massen bilden sich oft durch ergreifende äußere Ereignisse, wobei sich die geballte Energie in einem Vernichtungsdrang äußert: »Die Massen haben nur Kraft zur Zerstörung. Ihre Herrschaft bedeutet stets eine Stufe der Auflösung. (...) Wenn der menschliche Organismus dauernde Wut zuließe, so könnte man die Wut als den normalen Zustand der gehemmten Masse bezeichnen«. Das Wesen des Menschen hat sich im Verlauf der Geschichte nicht verändert: »Für den römischen Pöbel bildeten einst Brot und Spiele das Glücksideal. Dies Ideal hat sich im Laufe der Zeiten wenig geändert«. Die Masse ist dabei entscheidungsunfähig und unterwirft sich jeder Kraft, die befiehlt; damit kann der Massenmensch leicht von mächtigen Personen gelenkt werden: »Die Menge hört immer auf den Menschen, der über einen starken Willen verfügt. Die in der Masse vereinigten Einzelnen verlieren allen Willen und wenden sich instinktiv dem zu, der ihn besitzt«. Besonders die Medien haben es in der Hand, die Massenmenschen zu lenken, da nach Le Bon bevorzugt die pure Behauptung, frei von jedem Beweis, geglaubt wird. Wenn diese Behauptung noch dazu oft wiederholt wird, so setzt sie sich in der Massenseele als fester Lebensbestandteil fest. Man muß nur eine entsprechend große Medienmacht besitzen, schon läßt sich die Meinungsbildung eines ganzen Volkes beeinflussen. Die Manipulation beruht damit zum wesentlichen Teil auf der ständigen Wiederholung von Botschaften, die sich in der Bevölkerung festsetzen sollen. Je freier die verbreiteten Nachrichten von logischen, rationellen Inhalten sind, um so rascher werden sie von der Masse angenommen. Le Bon meinte, daß die geschickten Manipulatoren sich so ausdrücken müssen, daß nur die Emotionen angeregt werden. In der Masse verbreiten sich diese Gefühle sehr stark, weshalb die beteiligten Menschen nur noch in eine Richtung überhaupt denken können. In dieser Phase läßt sich die Menge durch geschickte Führer in jede gewollte Richtung lenken. Weil auf diesen Effekt nur der Massenmensch anspricht, sind die Mächtigen immer bemüht, das entsprechende Umfeld dafür zu schaffen, während individuelle Nachdenklichkeit verdammt wird. Die eigentlich kreativen Individuen gehen in solch einem Umfeld zugrunde, während der gelenkte Massenmensch zur Geltung kommt. In diesem Zusammenhang spielt die staatlich gelenkte Schule eine entscheidende Rolle, auf die Le Bon ebenfalls mit Nachdruck hinwies.

Mit der Massenpsychologie läßt sich die Gesellschaft wieder sehr gut in einzelne Teile spalten. Es kann Streit provoziert werden und die Menschen lassen sich damit mit unwichtigen Dingen beschäftigen.

Eine wirklich freie, demokratische Gesellschaft hingegen baut auf dem Individuum auf. Nur so können auch Machtmissbrauch und Diktatur verhindert werden.

Desinformation und Massenmenschen sind überhaupt erst die Grundlage dafür, daß die Gesellschaft in sich bekämpfende Gruppen zersplittert werden kann.

ARBEITGEBER GEGEN ARBEITNEHMER – DER KLASSISCHE GEGENSATZ

Der älteste und bekannteste Gegensatz in der Gesellschaft ist der zwischen Arbeitgeber und Arbeitnehmer.

Dabei sind im Grunde genommen die Unterschiede zwischen den beiden Gruppen gar nicht so groß: Beide verdienen ihr Geld durch Arbeit. Der Unternehmer durch seinen Betrieb in Form des Unternehmerlohnes und der Arbeitnehmer als Lohn vom Arbeitgeber. Die einzige Streitigkeit zwischen den beiden Parteien bezieht sich direkt oder indirekt auf den Lohn für die Arbeit des Arbeitnehmers. Entweder geht es direkt um das Arbeitsentgelt, oder es wird um vertragliche Fragen wie Kündigungsschutz oder Arbeitszeiten diskutiert.

Festzuhalten bleibt jedoch, daß beide ihr Einkommen durch Leistung in der Wirtschaft erzielen. Sobald Unternehmer und Arbeitnehmer ihre Arbeit einstellen, versiegt auch ihr Einkommen. In einer stabilen, funktionierenden Marktwirtschaft regelt sich dabei normalerweise alles über den Markt: Der Unternehmer sucht Arbeitskräfte, und wenn die Wirtschaft intakt ist, dann ist Arbeit ein gesuchtes, knappes Gut – ähnlich wie es zu Zeiten des Wirtschaftswunders in den Sechziger Jahren der Fall war. Der Unternehmer muß sich dabei anstrengen, tüchtige Arbeitskräfte zu bekommen und zu halten. Dabei kann er mit hohem Lohn locken oder dem Arbeitnehmer vertragliche Leistungen wie Kündigungsschutz oder Lohnfortzahlung bei Arbeit und so weiter anbieten. Das macht er natürlich nicht freiwillig, aber wenn ein knappes Angebot an Arbeitskräften vorhanden ist, dann muß er Lockmittel dafür anbieten, damit jemand gerade bei ihm arbeitet und nicht zur Konkurrenz geht. Das alles vollzieht sich von selbst, da sind weder Arbeitskämpfe noch staatliche Einmischung erforderlich. Noch Ende der Sechziger Jahre liefen die Unternehmer beispielsweise den Studienabgängern der Fachhochschulen und Universitäten hinterher und umwarben sie mit immer noch besseren Angeboten – eine Bewerbung mußte damals jedenfalls niemand schreiben. Ähnlich war es nach der deutschen Einigung, als für die boomende Bauindustrie dringend Baufachkräfte gesucht und mit immensen Vergünstigungen – wie kostenloser Umzug und Einrichtung der Wohnung sowie 5 000 Euro nur dafür, diese Stelle überhaupt anzutreten – gelockt wurden.

Davon ist heute, in einer rezessiven Wirtschaft, natürlich keine Rede mehr. Heute sind fragwürdige Psychotests und manchmal hunderte von Bewerbungen nötig, um überhaupt eine Stelle antreten zu können. Da werden dann die Anforderungen plötzlich drastisch nach oben geschraubt, und es wird der 25-jährige Studienabgänger gesucht, der mindestens fünf Jahre Auslandserfahrung vorzuweisen hat und fünf Fremdsprachen fließend spricht, zudem noch äußerst kommunikativ ist und sich mit geringem Lohn zufrieden gibt. Da es jedoch die eierlegende Wollmilchsau nicht gibt, klagen dann die Konzerne schon seit vielen Jahren über den angeblichen »Fachkräftemangel«.

Prof. Bert Rürup, Wirtschaftswissenschaftler der TU Darmstadt, meint dazu, daß er seit über 35 Jahren den Arbeitsmarkt beobachte, und Klagen über Facharbeitermangel habe es in diesen Jahren immer wieder gegeben. Jedoch gebe es darüber keine amtlichen Zahlen. Was es gebe, sind Befragungen. Und wenn man die zu Rate ziehe, müßte man eigentlich feststellen, daß, wenn es einen Facharbeitermangel gäbe, dieser derzeit historische Tiefststände erreicht habe.[4] Angeblich – so wird behauptet – würden 15 000 Ingenieursstellen fehlen. Ganz vergessen wird jedoch, daß bereits 65 000 Ingenieure als arbeitslos gemeldet sind. Kritiker sagen dazu, daß dieser angebliche »Ingenieurmangel« nur deshalb jedes Jahr wieder publiziert werde, um die Absolventenzahlen nach oben zu treiben.[5] Nicht zuletzt dienen solche Maßnahmen anscheinend dazu, die Löhne durch ein großes Überangebot zu drücken. Das Gerede vom angeblichen »Fachkräftemangel« bei Rekordzahlen an qualifizierten Arbeitslosen dient letztendlich wahrscheinlich dazu, die Bevölkerung zu verwirren und zur Arbeit anzutreiben. Anscheinend wird kaum bedacht, welchen Schock es einem jungen Menschen später bereitet, wenn er einen Beruf lernt, in dem angeblich Fachkräfte »händeringend« gesucht werden, und dann feststellen muß, daß ihn niemand haben möchte.

Der Unterschied zwischen der Situation heute und der des Wirtschaftswunders zeigt deutlich, daß die Situation für Arbeitnehmer direkt von der Wirtschaftssituation abhängig ist. In einer gesunden, boomenden Wirtschaft regelt sich alles von selber, es braucht keine Arbeitskämpfe oder staatliche Bevormundung. So etwas stört sogar eher die Entwicklung: Je mehr staatliche Eingriffe es gibt, um so weniger Stellen werden letztlich zur Verfügung gestellt, weil es für den Unternehmer immer riskanter wird. Wird beispielsweise ein Mutterschaftsschutz eingeführt, der den Unternehmer dazu verpflichtet, einer Frau drei Jahre lang den Arbeitsplatz offen zu halten, dann werden eben weniger Frauen eingestellt. Solche Gesetze helfen nur denen, die gerade einen Arbeitsplatz haben, hindern jedoch Neueinsteiger daran, so weit zu kommen. An einer rezessiven Wirtschaftsentwicklung ändern solche angeblich »sozialen« Gesetze überhaupt nichts. Im Gegenteil: Sie führen dazu, daß die Gesellschaft in weitere Gruppen aufgespalten wird.

Daß die Unternehmer immer wieder als »Kapitalisten« und Ausbeuter gesehen werden, liegt darin, daß sie mit einer ganz anderen Gruppe, den Kapitalbesitzern, in einen Topf geworfen wurden und werden.

Das leistungslose Einkommen

98 Prozent aller Unternehmen in Deutschland sind kleine und mittlere Unternehmen, die oft am Rande des Bankrottes wirtschaften. Der Fremdkapitalanteil bei kleinen Firmen liegt bei 99 Prozent, bei mittelständischen Betrieben bei neunzig Prozent. Das heißt, den Unternehmern gehört in der Regel gar nicht der Betrieb, der Großteil der Einnahmen geht an die kreditgebende Bank.

Hier sieht man einen ganz anderen Gegensatz: die Differenz zwischen Beziehern von leistungsabhängigen Einkommen (Arbeitnehmer, Unternehmer) und den Beziehern von leistungslosen

Einkünften wie beispielsweise Zinsen. In der öffentlichen Diskussion wird völlig unterschlagen, daß auch der Unternehmer unter Druck steht und an die kreditgebende Bank einen guten Teil seiner Gewinne wieder abführen muß. Mit anderen Worten: Von den Einnahmen eines Unternehmens schöpft erst einmal die Bank den größten Teil ab, dann der Staat, und am Ende können sich Unternehmer und Arbeitnehmer um die Brotkrumen streiten.

1-Euro-Sklavenarbeit

Die Situation für die Arbeitskräfte hat sich noch durch die sogenannten Hartz-IV-Maßnahmen verschärft, die seit dem Jahr 2005 in Kraft sind. Nun muß jeder, der länger als ein Jahr arbeitslos ist, genau sein Vermögen auflisten. Übersteigt dieses 200 Euro pro Lebensalter, dann erhält er keine Hilfeleistungen des Staates für Arbeitslose, sondern muß dieses Vermögen erst aufbrauchen. Das gleiche gilt für Wohnungen: Übersteigt diese eine eng bemessene Größe, muß in eine kleine Wohnung umgezogen werden. Die Ungerechtigkeit liegt darin, daß überhaupt nicht mehr berücksichtigt wird, wie lange jemand schon gearbeitet und Beiträge in die Arbeitslosenversicherung eingezahlt hat. Jemand, der zwei Jahre gearbeitet hat, erhält ebenso ein Jahr Arbeitslosenunterstützung wie derjenige, der zwanzig Jahre ununterbrochen gearbeitet hat.

Noch schlimmer wird es durch die 1-Euro-Jobs: Nach einem Jahr Arbeitslosigkeit muß jede Arbeit angenommen werden, auch wenn sie weit unter der eigentlichen Qualifikation ist. Dafür wurden extra Jobs geschaffen, die mit nur einem Euro pro Stunden vergütet werden, also acht Euro am Tag – zusätzlich zur niedrig bemessenen Arbeitslosenunterstützung. Für die acht Euro kann sich der Arbeitnehmer gerade ein Pausenbrötchen kaufen. Diese 1-Euro-Jobs degradieren die Arbeitslosen zu Arbeitssklaven, die nahezu kostenlos jede Tätigkeit verrichten müssen.

Damit wird massiv Angst in der Bevölkerung erzeugt jeder muß fürchten, bald selbst zu den Sklaven zu gehören. Verstärkt wird dies noch dadurch, daß jeder, der einmal aus dem Arbeitsprozeß herausfällt, nicht so schnell wieder eine Stelle findet. Teilweise stellen Unternehmer schon nach einem halben

Jahr Arbeitslosigkeit den Arbeitssuchenden nicht mehr ein und greifen lieber auf Neueinsteiger zurück.

Auf das Arbeitsamt braucht sich der Betroffene auch nicht zu verlassen. Wie eine veröffentlichte Statistik der Bundesagentur für Arbeit ergab, vermittelt jeder Arbeitsvermittler im Schnitt gerade einmal 1,4 Stellen pro Monat in eine nicht geförderte normale Stelle. Im Jahr 2004 wurden sogar fast 27 Prozent weniger Stellen vermittelt als ein Jahr zuvor.[6]

Aus Angst vor Arbeitslosigkeit wird immer mehr gearbeitet und das sich schneller drehende Hamsterrad ohne nachzufragen akzeptiert. Die Krankheitsrate sinkt, da jeder Furcht vor Entlassung hat. Im Jahr 2004 wurde deshalb schon die niedrigste Krankheitsrate seit dreißig Jahren festgestellt.[7]

Es wird ein mörderischer Kampf innerhalb der Betriebe ausgelöst, jeder versucht den anderen auszustechen. Jede Form von Mobbing nimmt zu, und das wichtigste: Die Kluft zwischen Arbeitgeber und Arbeitnehmer wird unüberbrückbar groß. Damit kann wunderbar von den eigentlichen Systemfehlern abgelenkt werden. Alle streiten sich nur noch um die Brotkrumen und niemand hinterfragt, warum die Wirtschaft überhaupt nicht mehr richtig läuft.

Sinkende Löhne und Mehrarbeit

In diesem Umfeld aus zunehmender Angst und steigendem Mißtrauen ist es dann für die großen Konzerne ein leichtes, sinkende Löhne durchzusetzen. Immer mehr Unternehmen gehen nun daran, die Löhne entweder direkt zu senken – beispielsweise durch Wegfall des Weihnachtsgeldes – oder die Arbeitszeiten zu verlängern, was ebenfalls eine faktische Reallohnkürzung bedeutet.

Wie schnell sich in solch einem Umfeld die Lage ändern kann, zeigt die DDR: Man sollte sich einmal vergegenwärtigen, daß 1953 in der DDR der Ministerrat eine zehnprozentige Erhöhung der Arbeitsnorm verordnete, was zu einem ganzen Volksaufstand führte und nur mit Einsatz des sowjetischen Militärs niedergeschlagen werden konnte.

Heute dagegen ist anscheinend die Angst der Menschen vor Arbeitslosigkeit größer, da noch massivere Kürzungen ohne Murren akzeptiert werden. Während damals jedoch noch ein Zusammenhalt unter den Menschen vorhanden war, ist dies heute nicht mehr der Fall. Vor allem die später noch zu erläuternde Zerstörung der Familie hat das gegenseitige Vertrauen der Menschen zerstört, und man kann mit ihnen heute beinahe machen, was man will.

JUNG GEGEN ALT – GEGENEINANDER AUSGESPIELT DURCH DEN »GENERATIONENVERTRAG«

Wenn es um das »Teile und herrsche«-Prinzip geht, fällt auf, daß Jung und Alt zunehmend gegeneinander ausgespielt werden. Den Alten macht man Angst um die Rente, und den Jungen erzählt man, daß sie bereits in wenigen Jahrzehnten den Großteil ihres Einkommens an die Rentner abliefern müßten. Grundlage dafür sei der sogenannte »Generationenvertrag« – also ein Vertrag, der gar keiner ist, weil ihn niemand unterschrieben hat. Ein richtiger Vertrag kann demgegenüber immer nur zustande kommen, wenn zwei Parteien diesen freiwillig und in gegenseitigem Einvernehmen unterschreiben. Aufgezwungene Verträge sind schon nach der klassischen Rechtsprechung nichtig – deshalb gibt es auch keinen Generationenvertrag. Niemand hat je seine Einwilligung dazu gegeben, daß der Staat ihm einen großen Teil seines Arbeitseinkommens vorenthält, um sie angeblich den Rentnern zufließen zu lassen. Wenn man sich dann näher mit diesem System beschäftigt, wird deutlich, daß ein guter Teil der Gelder für ganz andere Zwecke verwendet wurde und wird, als das Altersgeld sicherzustellen.

Die Fragwürdigkeit dieses Systems geht schon los, wenn die ohnehin gering verdienenden Arbeiter und Angestellten große Teile des Lohnes abführen müssen, während die besserverdienenden Selbstständigen und Beamten davon verschont werden.

Dann stellt die Rentenversicherung gar keine Versicherung dar, da man sich nur gegen etwas versichern kann, dessen Ereignis unsicher ist. Es ist beispielsweise unsicher, ob ich einen Unfall haben werde, also kann ich zur Absicherung dieses Falles eine

Unfallversicherung abschließen. Daß ich alt werde, ist jedoch sicher, also kann so etwas nicht mit einer richtigen »Versicherung« abgedeckt werden. Auch sind weder die genaue Leistung noch die exakten Beiträge wie bei einer richtigen Versicherung festgelegt worden, noch existiert irgendein Vertrag, den der einzelne unterschrieben und damit diese scheinbare »Versicherung« legitimiert hat. Vielmehr können die Politiker nach Gutdünken darüber befinden, wie hoch die Beiträge sein sollen, wie hoch die auszuzahlenden Renten ausfallen und mit welchem Alter man überhaupt Altersruhegeld beantragen kann. Es ist also durchaus möglich, daß einmal die Hälfte des Lohnes in diese »Versicherung« eingezahlt werden muß, während man im Alter gerade das Existenzminimum daraus zurückerhält.

Ein Umlagesystem funktioniert nicht

Dazu kommt, daß gerade das heute angewandte Umlagesystem, also das Prinzip, daß Jung für Alt zahlen muß, von vornherein fehlerhaft ist. Wenn sich nur die Geburtenzahl ein wenig ändert, kommt dieses System sofort in Bedrängnis. Nach einer Untersuchung des ifo-Institutes werden die Staatsausgaben durch die explodierenden Soziallasten bereits in wenigen Jahrzehnten völlig außer Kontrolle geraten. Es müßten entweder die Sozialbeiträge von heute 40 auf 46 bis 49 Prozent der Bruttolöhne steigen, oder die Staatsverschuldung würde bis zum Jahr 2050 von derzeit 64 auf bis zu 200 Prozent des Bruttoinlandsproduktes steigen.[8]

Man hätte von Anfang an jedem selbst überlassen können, wie er für sein Alter vorsorgt. Die hohe Anzahl an freiwillig abgeschlossenen Versicherungen bis hin zur Überversicherung zeigen, daß die Leute sehr wohl an die Zukunft denken und nicht vom Staat an die Hand genommen werden müssen. Auch ist es sehr willkürlich, daß beispielsweise die heute für junge Leute beinahe sinnlose Rentenversicherung mit überhöhten Beiträgen Pflicht ist, während die sinnvolle Privathaftpflicht mit geringen Beiträgen nicht obligatorisch ist. Dabei ist gerade eine Absicherung durch die Privathaftpflicht wesentlich wichtiger für einen zwanzigjährigen, als an sein »Alter« zu denken. Ein Drittel der Deutschen hat dazu keine Privathaftpflicht und ist damit bei einem Unglück dem finanziellen Ruin ausgesetzt. Hier sieht sich jedoch der Staat nicht dazu veranlaßt einzuschreiten, während er auf Arbeitseinkommen hohe Beiträge für die Rentenversicherung festlegt.

Der Sinn für das System

Am Ende geht es bei diesem System gar nicht um eine Absicherung, sondern nur um eine versteckte Zusatzsteuer, um die Arbeitseinkommen weiter zu schröpfen. Daneben werden die Leute an das System gebunden: Niemand hat mehr ein Interesse, an Alternativen zum Hamsterrad zu denken, da alle »Angst um ihre Rente« haben.

Dazu kommt dann, wenn erst einmal die Unzulänglichkeiten des Systems offensichtlich werden, daß man dadurch wieder die Gesellschaft in zwei verfeindete Lager spalten kann – der Gegensatz Jung gegen Alt ist geboren. Daß dieser Gegensatz durch Angst um die Rente und die sogenannte »Demographie« noch zusätzlich aufgebauscht wird, belegte eine Untersuchung des Statistikers Prof. Dr. Gerd Bosbach. Darin bezweifelt er, daß die Entwicklung so vorangehen wird, wie das von der Politik und den Medien dargestellt wird. Dabei weise das Statistische Bundesamt selber darauf hin, daß die Prognosen immer unsicherer würden, je mehr Zeit vergeht, und diese nur Modellcharakter hätten. Von einer Unausweichlichkeit könne gar keine Rede sein. Fünfzig-Jahres-Prognosen seien moderne Kaffeesatzleserei, was ein Blick fünfzig Jahre zurück bestätige. Zwangsläufig hätte man 1950 bei einer Schätzung für das Jahr 2000 unter anderem folgende Einflußfaktoren übersehen müssen: die Entwicklung der Antibabypille, die Einwanderung ausländischer Arbeitskräfte, den Trend zur Kleinfamilie und die Öffnung der Grenzen im Osten mit dem Zuzug von etwa 2,5 Millionen Aussiedlern. Man wäre damit im Jahr 1950 zu völlig falschen Schlußfolgerungen gekommen, als fünfzig Jahre später wirklich eintrafen. Eine Fünfzig-Jahres-Prognose von 1900 wäre noch abwegiger gewesen, da man zwei Weltkriege übersehen hätte. Daneben habe die Politik beispielsweise mit der Familienpolitik sehr wohl Einfluß auf die Bevölkerungsentwicklung, und ein Anstieg der Lebenserwartung um sechs Jahre in der Zukunft sei angesichts der ungesunden Lebensweise der Kinder heute alles andere als sicher. Dazu komme, daß die »Lebensdauer« der letzten neun koordinierten Bevölkerungsvorausberechnungen im Schnitt nur vier Jahre betrug. Innerhalb weniger Jahre wären die Prognosen zum Teil deutlich verändert worden. Die Entwicklung sei also in höchstem Grade unsicher. Doch auch die Folgen einer demographischen Veränderung seien längst nicht so dramatisch wie von der Politik vorgestellt. Auch sei es nicht seriös, die heutige Arbeitsproduktivität für die Zukunft anzunehmen – es werde gar nicht berücksichtigt, daß durch Maschineneinsatz immer mehr hergestellt werden könne. Wenn die Löhne durch Produktivitätssteigerung steigen würden, könnten auch problemlos höhere Rentenbeiträge ohne Wohlstandsverlust bezahlt werden. Auch würden immer die ungünstigsten Zahlen veröffentlicht. Es wird immer vom Jahr 2050 geredet, jedoch nicht gesagt, daß die Verhältnisse bereits im Jahr 2060 schon wesentlich besser aussähen. Er fragt sich auch, ob das Zufall sei oder politisch beauftragt. Auch würden die Probleme überhaupt erst 2020 beginnen, jedoch heute schon alle möglichen Einschränkungen damit begründet. Weiter stellt er die Frage, ob mit dem »Hammer« Demographie von einem ganz anderen Schauplatz gesellschaftlicher Auseinandersetzungen abgelenkt werden solle und ob man die Löhne und Gehälter der Arbeitnehmer von der Teilhabe am Produktivitätsfortschritt langfristig abkoppeln wolle.[9]

Das demographische Problem wird anscheinend von den Verantwortlichen ganz gezielt genutzt, um Angst zu schüren und unliebsame Änderungen durchzusetzen. Durch die Fokussierung der Bevölkerung auf die »Rente« wird von anderen, wirklich schwerwiegenden Problemen abgelenkt, und es können unbeobachtet freiheitseinschränkende Maßnahmen durchgesetzt werden.

»Wer auch immer ein wenig juristische, philosophische, historische Bildung besitzt, weiß, daß die Grundlage jedes modernen Totalitarismus genau in der Kriminalisierung, soweit möglich, sämtlicher Untertanen besteht: Wenn alle schuldig sind, können alle verurteilt werden. Wenn alle verurteilt werden können, läßt sich jeder Dissident in jedem beliebigen Augenblick zermalmen.«

Carlo Alberto Agnoli
in der Broschüre »Der europäische Haftbefehl – Kürzester Weg in die Tyrannei«

DAS RECHTSSYSTEM – DIE GESCHÜRTE ANGST

Das juristische System ist eine besonders effektive Möglichkeit für jedes System, Widerstand dagegen und Kritik im Keim zu ersticken. Damit kann sehr gut Angst in der Bevölkerung erzeugt werden, erst recht, wenn die Gesetze immer unüberschaubarer und unverständlicher werden. Eigentlich sollten Gesetze nur einen groben Rahmen liefern, um das friedliche Zusammenleben der Menschen sicherzustellen. Die meisten Angelegenheiten bedürfen überhaupt keiner übergeordneten Regelung, da die Menschen unter sich das meiste von selber regeln. Doch ist davon heute gar keine Rede mehr. Inzwischen gibt es so viele Gesetze und Regelungen, daß nicht einmal mehr Spezialisten alles überschauen können. Dazu kommt ein weiterer Umstand: So gab es in den letzten Jahrzehnten eine richtige Schwemme an Rechtsanwälten. Seit 1972 hat sich die Zahl der Rechtsanwälte auf 130 000 verfünffacht! Dazu kommen noch nach Angaben des Deutschen Anwaltsvereins jedes Jahr sieben- bis achttausend Berufsanfänger, die zudem noch schlecht ausgebildet seien.[10]

Die immer größere Zahl an Juristen möchte natürlich auch Geld verdienen. Verdient wird jedoch nur, wenn es auch immer mehr Streit gibt. Die zu einem guten Teil aus Juristen bestehenden Politiker tun ihr übriges dazu. So wird durch den Anwaltszwang der Bürger bei Problemen dazu verdonnert, einen Anwalt aufzusuchen. Eigentlich sollte es Grundsatz sein, daß sich der Beschuldigte selber wehren darf, doch die Realität mit Anwaltszwang sieht ganz anders aus.

Einige Beispiele verdeutlichen das:

- *Wer im Straßenverkehr einer Ordnungswidrigkeit bezichtigt wird, erhält überhaupt keine Akteneinsicht ohne einen teuren Anwalt. Ohne diese Daten kann häufig gar kein sinnvoller Einspruch gegen die Beschuldigungen eingelegt werden.*
- *Jemand wird als Zeuge vernommen. Eine Kopie des Protokolls mit den eigenen Aussagen erhält er jedoch nur wieder über einen Anwalt.*
- *Jemand kann nachweisen, daß ein ehelich gezeugtes Kind nicht von ihm stammt. Ohne Anwalt kann er überhaupt nicht erreichen, daß die Unterhaltszahlungen ausgesetzt werden.*
- *Wird jemand unrechtmäßig entlassen, kann er in höherer Instanz nur mit einem Anwalt seine Rechte vor dem Arbeitsgericht wahrnehmen.*
- *Ähnliches gilt vor fast allen Gerichten. Beim Amtsgericht, wo kein Anwaltszwang herrscht, werden Betroffene ohne Anwalt nicht selten gar nicht »für voll genommen«.*

Mit diesem Anwaltszwang haben sich die Rechtsanwälte ein Monopol geschaffen. Dazu kommt, daß keine Person, die unter Umständen gute Rechtskenntnisse hat, Auskunft über juristische Fragestellungen geben darf – wieder ein Anwaltsmonopol. Selbst einem Freund darf ein Anwalt keine Auskünfte erteilen, ohne die hohen Gebühren einzufordern.

Dazu kommt, daß sich der Ausgang eines juristischen Verfahrens vor Gericht nicht vorhersehen läßt. Jeder Richter kann anders urteilen. Das eine Gericht urteilt so, das andere wieder anders. Auch wenn ein Fall nach Aktenlage eigentlich eindeutig ist, kann es passieren, daß ein Richter anders urteilt. Eigentlich sollte so etwas nicht vorkommen, jeder Fall sollte ohne Ansehen der Person nach den vorliegenden Fakten objektiv beurteilt werden. Manchmal spielen jedoch Faktoren wie persönliche Sympathie oder die politische Einstellung des Richters eine Rolle. Es wird also doch zu einem erheblichen Teil subjektiv geurteilt. Wenn tatsächlich definitiv Recht gesprochen würde, dann dürfte es auch keine der vielen Berufungsprozesse geben, in denen das Berufungsgericht wieder völlig unterschiedlich zum ersten Gericht urteilt.

Nicht zu vergessen sind auch die sehr hohen Verfahrenskosten für juristische Streitigkeiten. Dazu kommt, daß im Juli 2004 die Bundesgebührenordnung für Rechtsanwälte (Brago) durch das sogenannte Rechtsanwaltsvergütungsgesetz (RVG) ersetzt wurde. Seither müssen für alle juristischen Verfahren wesentlich höhere Honorare bezahlt werden. Die Rechtsschutzversicherer schätzen, daß dadurch 21 Prozent mehr Kosten entstehen. Sobald ein Streitwert zu Grunde gelegt wird, ist sogar von über fünfzig Prozent auszugehen. Ein Versicherer meinte, daß sich in Zukunft eigentlich nur noch Geringverdiener mit Anrecht auf Prozeßkostenhilfe oder Wohlhabende den Kampf um ihr Recht leisten könnten.[11]

Doch auch die Prozeßkostenhilfe soll deutlich eingeschränkt werden: So soll im Zuge einer geplanten großen Justizreform der Rechtsschutz für sozial Schwächere stark eingeschränkt werden. Wenn das Gericht die Prozeßkostenhilfe versagt, soll es keine Einspruchsmöglichkeit dagegen mehr geben.[12]

Auch Rechtschutzversicherungen sind bald kein Schutz mehr. So kündigen viele Versicherer die Versicherung, sobald es zu einem Schadensfall gekommen ist. Der Betroffene wird dann auch von einer anderen Versicherung nicht mehr genommen, da der Vorversicherer gekündigt hat und der neue Versicherer dann von einem Kostenrisiko ausgeht. Das bedeutet, daß allein aufgrund der hohen Kosten es immer schwerer für den Normalbürger werden wird, ungerechtfertigte Angriffe abzuwehren. Die Schutzlosigkeit gegenüber der Justiz wird immer größer.

Es kommen also mehrere unglückliche Umstände zusammen: immer mehr Juristen, die am Streit interessiert sind, ein Parlament, das zu einem guten Teil aus Anwälten besteht und meint, mit immer mehr Gesetzen das Zusammenleben besser zu regeln, Anwaltszwang bei Streitigkeiten, unvorhersehbarer Ausgang von Gerichtsprozessen, hohe Kosten sowie Gesetze, die niemand mehr kennt und die damit die Bevölkerung als Ganze kriminalisieren. Für die Gesellschaft hat dies fatale Auswirkungen: Da jeder in Gefahr ist, ins Visier von Juristen zu geraten, entsteht Angst – und Angst lähmt die freie Entscheidungsfähigkeit des Menschen. Für das System hingegen ist dieser Zustand wunderbar, da man damit die Menschen in endlose, unnötige Verfahren und Streitereien verwickeln und in der Bevölkerung Angst erzeugen kann.

Das Internet im Kreuzfeuer des Systems

Während die Medien heute vom System mehr oder weniger beinahe »gleichgeschaltet« sind, ist es im Internet noch für jedermann möglich, schnell eine Meldung einzustellen und sich aus unabhängigen Quellen zu informieren. Vor allem bietet das Internet nahezu Chancengleichheit: Während die Herausgabe einer Zeitung mit hohen Kosten verbunden ist und ein ausgefeiltes Vertriebsnetz erfordert, also damit nur von den Reichen zu finanzieren ist, kann im Internet jeder mit geringen Kosten ein eigenes Angebot einstellen. Damit verkörpert das Internet die Demokratie an sich, in der jeder chancengleich teilnehmen kann. In vielen Internetforen werden dazu noch freie Meinungen und neue Erkenntnisse ausgetauscht.

Daß so etwas einem auf Meinungsmonopolen aufgebauten System nicht gefällt, ist klar. Nicht umsonst wurde schon in einigen Ländern, wie beispielsweise China, versucht, die Nutzung des Internets zu verhindern oder zu verbieten. Da dies jedoch unangenehme Zweifel bei den Menschen erweckt, wird zunehmend versucht, über gesetzliche Vorgaben das Internet einzuschränken und Schritt für Schritt die Nutzung durch Kriminalisierung zu verhindern.

Nicht umsonst wird in den Massenmedien jede Gelegenheit genutzt, um wieder in Bezug auf das Internet darzustellen, daß hier beispielsweise auch Kinderpornographie verbreitet wird. Obwohl sicher 99,9 Prozent der Internetnutzer noch nie irgendetwas über Kinderpornographie im Internet gefunden haben, wird dies zum Anlaß genommen, immer mehr Kontrolle und Verbote für dieses letzte freie Medium zu fordern.

Die Entwicklung geht heute dahin, Internetanbieter von Websites direkt zu treffen. Dahin führen Gesetze, die findige Anwälte geradezu auf den Plan rufen müssen, alle möglichen harmlosen Personen anzugreifen.

Das Abmahnungswesen im Internet

Speziell in Deutschland gibt es ein sogenanntes Abmahnrecht. Das heißt, wenn sich ein Unternehmen von einem Konkurrenten auf dem Markt unfair behandelt fühlt, dann kann es das andere »abmahnen«. Wenn beispielsweise ein Lebensmittelladen in der Werbung schreibt, daß sein Konkurrent nur alte Ware verkauft, kann er von diesem

Mitbewerber durch einen Anwalt dazu gezwungen werden, dies in Zukunft zu unterlassen. Der Abgemahnte muß die Kosten des Verfahrens tragen. So etwas ist noch ganz einsichtig.

Völlig unverständlich und beinahe kriminell wird es jedoch, wenn sich Anwälte von sich aus ans Internet setzen und harmlose Anbieter im Internet wegen geringfügiger Abweichungen vom Gesetz mit hohen Kosten abmahnen.

Das Fatale ist, daß die gesetzlichen Vorschriften laufend verschärft werden. Da jedoch der normale Internetnutzer darüber nicht aufgeklärt wird und kaum jemand die Gesetzesänderungen laufend verfolgen kann – außer den Abmahnanwälten –, wird jeder Internetnutzer früher oder später »kriminell«, da er unbewußt einen Gesetzesverstoß begeht – doch »Unwissenheit schützt vor Strafen nicht«.

So gibt es beispielsweise seit einiger Zeit ein Telekommunikationsgesetz, das vorschreibt, welche Angaben auf einer Internetseite Pflicht sind. Dazu gehören Adresse, Telefonnummer, Steuernummer und so weiter. Vergißt nun jemand beispielsweise die Angabe der Steuernummer, dann ist es nur eine Frage der Zeit, bis ein Anwalt darauf aufmerksam wird und er abgemahnt wird. Das bedeutet dann, daß er unter Androhung hoher Prozeßkosten dazu gezwungen wird, eine Unterlassungserklärung zu unterzeichnen, in der er sich bei hohen Strafen dazu verpflichtet, nie mehr etwas zu »vergessen«. Der Anwalt kann sich damit ein müheloses, sicheres Einkommen sichern. Ein paar Stunden am Internet liefern etliche Adressen für eine Reihe von Abmahnungen. Die einzige Leistung des Anwaltes liegt dann darin, daß er jeweils die Anschrift eines Standardbriefes austauscht und diesen verschickt. Die Kosten für den Betroffenen liegen in der Regel bei einigen hundert bis zu etlichen Tausenden von Euro – für einen einzigen Brief von einem dubiosen Anwalt!

Da dies ein sicheres, müheloses Geschäft ist, weitet es sich immer weiter aus. So ist inzwischen beispielsweise ein schwunghafter Handel mit den Urheberrechten auf alte Landkarten (die eigentlich niemand mehr benutzt) entstanden. Arglose Internetnutzer scannen diese Karten im Glauben, daß diese ohnehin nicht mehr genutzt würden, und stellen sie ins Internet, um beispielsweise Besuchern den Weg zum eigenen Wohnhaus zu zeigen. Findige Anwälte suchen im Internet, was durch Suchmaschinen ein Kinderspiel ist, nach solchen Karten und senden den Website-Betreibern in Zusammenspiel mit den Urheberrechtsinhabern Abmahnungen mit Forderungen von vielen tausend Euro.

Oder Anwälte gehen bei der Internetbörse eBay auf »Jagd« und mahnen jeden mit hohen Kosten ab, der eine Angabe zu machen vergessen hat . So gibt es Privatanbieter, die beispielsweise einen Artikel mehrfach anbieten, da sie mehrere Exemplare davon besitzen. Dann werden sie abgemahnt, da es sich um einen »geschäftsmäßigen Betrieb« handele und sie, da Privatanbieter, die erforderlichen Angaben wie Steuernummer etc. nicht gemacht haben.

Das Fatale ist, daß immer der Abgemahnte die Anwaltskosten plus Schadenersatz zahlen muß. Ganz findige Juristen mahnen dann gleich im Namen von mehreren Firmen ab und kassieren dafür für jede einzelne Firma ein eigenes Honorar. Da können dann schnell einmal Beträge über 10 000 Euro fällig werden, und das für eine unbeabsichtigte Kleinigkeit.

Gegen die Abmahnung zu klagen wird schon allein deshalb schwierig, weil die Anwälte die Streitwerte hoch ansetzen. Je höher jedoch der Streitwert, um so größer der Verdienst des Anwaltes und auch die Kosten für einen Gerichtsprozeß. Bei Gericht wiederum geht man von »üblichen Streitwerten« aus. Da eine Wettbewerbsrechtsverletzung kein Kavaliersdelikt ist, werden die Streitwerte dann von vornherein als hoch angesehen, unabhängig davon, ob überhaupt ein Schaden entstanden ist oder nicht. Da kommt es dann bei der Verwendung einiger Zeitungszitate im Internet schnell einmal zu Streitwerten von 150 000 Euro, woraus sich dann Gerichtskosten gegen die Abmahnung von insgesamt fast 10 000 Euro ergeben. Da dies kaum ein Normalbürger aufbringen kann und zudem solche Fälle nicht von Rechtsschutzversicherungen getragen werden, ist die Bevölkerung den jagenden Anwälten beinahe schutzlos ausgeliefert.

Der Gesetzgeber sieht der Kriminalisierung von Millionen Internetnutzern uninteressiert zu und sieht keinen Grund, hier etwas zu ändern. Alle Eingaben zu diesem Thema versandeten bisher. Eine Änderung würde es ja schon bringen, wenn es Pflicht wäre, demjenigen, der abgemahnt werden soll, erst einmal eine kostenlose Aufforderung zukommen zu lassen. Doch stattdessen wird gleich mit Kanonen auf Spatzen geschossen, und die Spatzen müssen für die Kugeln bezahlen.

Urheberrechte gefährden die Demokratie

Noch fataler wird es, wenn die Anwälte die Verbreitung von Nachrichten und die Meinungsfreiheit ins Visier nehmen. So werden heute im Internet und speziell in Internetforen jeden Tag Millionen von Nachrichten frei zitiert und diskutiert. Ja, das Internet beruht sogar darauf, daß von einer Stelle etwas kopiert wird, um es an anderer Stelle wieder zu zitieren und zu diskutieren. Damit ist das Internet das ideale Medium für die Demokratie. Nun wird genau das angegriffen und durch Berufung auf das »Urheberrecht« ein Meinungsaustausch verhindert. Das heißt, die Meldungen der Systempresse können nicht mehr zitiert und entsprechend kritisch hinterfragt werden. Damit wird das letzte freie Medium, das Internet, über die Justiz praktisch mundtot gemacht. Jeder, der nur eine Meldung zitiert, weil er beispielsweise die falsche Berichterstattung der Systempresse darstellen möchte, ist schon in Gefahr, eine Straftat zu begehen. Damit wird ein Meinungsmonopol der Massenmedien gebildet und zementiert.

Besonders brisant ist, daß die Systempresse selber permanent Urheberrechte verletzt, wenn beispielsweise von kleinen Autoren ungefragt neue Erkenntnisse übernommen werden, da sich diese nicht wehren können. Selbst jedoch sind die gleichen Herausgeber äußerst empfindlich, wenn deren Meldungen hinterfragt werden.

Hätte es ein »Urheberrecht« schon in der Steinzeit gegeben, nie wäre es überhaupt zu einer Entwicklung gekommen. Wahrscheinlich wäre die Menschheit ausgestorben, weil kein Wissen hätte weitergegeben oder angewandt werden können.

Das Ganze wird von der Politik ebenfalls unterstützt. So wurde beispielsweise eine Petition an den Petitionsausschuß des Deutschen Bundestages abgewiesen mit der Begründung, daß es im Internet keine »rechtsfreien Räume« geben dürfe. Man denkt dort anscheinend nicht einmal daran, sich mit dem besonderen Medium Internet auseinanderzusetzen, und kriminalisiert damit Millionen von kleinen Internetnutzern. Für das System ist diese Vorgehensweise jedoch logisch, kann man sich doch durch immer schärfere

Internetgesetze des freien, die Meinungsmonopole unterlaufenden Internets entledigen.

Doch damit nicht genug. So wird die Bevölkerung noch von einer Reihe anderer Gesetze in die Mangel genommen. So wurde Anfang des Jahres 2005 beispielsweise ein sogenanntes »Antidiskriminierungsgesetz« in Angriff genommen.

»Das Problem an dem neuen Gesetz: Es begünstigt die Intriganzgene und fordert zum Missbrauch durch Mobber regelrecht auf. Es reicht, wenn einer bloß über einen ihm nicht genehmen Kollegen sagt: Er hat mich sexistisch fixiert. Dies muß er nicht beweisen, sondern nur tatsächlich plausibilisieren.«

TAZ, 21.3.2005

Mit dem Antidiskriminierungsgesetz zur Diskriminierung der Bevölkerung

Um eine angeblich überall vorhandene »Diskriminierung« zu unterbinden, soll es laut dem Gesetzentwurf künftig im Arbeitsleben und bei »Massengeschäften« des Alltags verboten sein, jemanden zu benachteiligen. Arbeitgeber, aber auch Betreiber von Gaststätten, Wohnungsvermieter oder Versicherungen dürfen Beschäftigte und Kunden demnach nicht mehr, aus welchen Gründen auch immer, diskriminieren. Dabei soll die Umkehr der Beweislast gelten – beispielsweise muß also der Arbeitgeber künftig beweisen, daß er nicht diskriminiert hat, wenn irgendjemand eine Diskriminierung behauptet. Zudem soll er auch dann haften, wenn seine Angestellten, Kunden oder Lieferanten jemanden diskriminieren.[13]

Das bedeutet: Ein Vermieter muß beispielsweise an jeden vermieten, auch wenn es ein Verbrecher ist. Oder ein Arbeitgeber darf niemanden mehr ablehnen, weil er beispielsweise aufgrund seines Äußeren nicht in das Unternehmen paßt. Dabei wird vergessen: Jeder »diskriminiert« jeden Tag irgend jemanden. Wer mit Person x spricht, aber nicht mit Person y, diskriminiert y. Der Liebhaber, der die Dame z liebt, aber nicht Frau w, diskriminiert w und so weiter.

Das bedeutet, daß überall, wo irgendwelche Entscheidungen getroffen werden, auch »diskriminiert« wird. Damit kommt die Kriminalisierung der Bevölkerung wieder einen Schritt weiter. Als ob man Diskriminierung per Gesetz verhindern könnte. In einer stabilen, gesunden Gesellschaft kommt es von selbst zu Toleranz und Gleichbehandlung. Wenn dies nun per Gesetz verordnet werden muß, dann stimmt etwas mit dieser Gesellschaft im Ganzen nicht. Die Leute können jedoch wieder durch solche Gesetze schön in Verfahren und endlose Streitereien verwickelt werden, wieder ganz nach dem Motto: »Teile und herrsche.«

In eine ähnliche Richtung gehen Gesetzesentwürfe, die zunehmend Meinungen unter Strafe stellen. Das Problem dabei ist, daß diese Gesetze häufig unpräzise und schwammig formuliert werden, so daß am Ende alles mögliche so ausgelegt werden kann, daß es strafbar ist. Dann muß jeder wieder Angst haben, wegen einer anscheinend freien Meinungsäußerung bestraft zu werden. Genau solch ein Gesetzesentwurf kam Anfang 2005, als die Regierung Planungen anstellte, neben einer Einschränkung der Demonstrationsfreiheit für rechtsgerichtete Gruppen auch den Volksverhetzungsparagraphen zu verschärfen. Der Heise-Verlag wies dabei darauf hin, daß durch den veränderten §130 Strafgesetzbuch nicht nur die Verherrlichung und Verharmlosung der Nazi-Herrschaft, sondern auch von schweren Verbrechen einer anderen »Gewalt- und Willkürherrschaft« unter Strafe gestellt werden solle. Dabei sollen nicht nur Äußerungen zum Nationalsozialismus unter Strafe stehen, sondern es wird jede Billigung eines totalitären Regimes bestraft. Das Problem liegt darin, daß es sehr dehnbar ist, was eine »Gewalt- und Willkürherrschaft« ist und war und was »Verherrlichen und Verharmlosen« bedeutet. Nach diesem Gesetz würde jemand strafbar werden, wenn er nur äußern würde, daß die Verhältnisse beispielsweise in Jugoslawien früher besser gewesen seien als heute. Dann steht auch noch die Billigung, Rechtfertigung, Leugnung oder Verharmlosung von Handlungen unter solchen Regimen unter Strafe.

Als Verherrlichen sei dabei nicht nur die direkte Glorifizierung der Unrechtshandlungen oder der für sie verantwortlichen Personen zu verstehen, sondern es reiche aus, wenn das Dargestellte in einem positiven Bewertungszusammenhang erscheine oder in der Schilderung der Unrechtshandlungen und ihrer Verantwortungsträger entsprechende positive Wertakzente gesetzt würden.[14]

Etliche Juraprofessoren kündigten bereits Bedenken gegen den Gesetzentwurf an. Es wurde vor allem kritisiert, daß die ministerielle Verschärfung des Paragraphen zur Volksverhetzung nicht »hinreichend« klar definiert sei. Vor allem die Formulierung »Verharmlosen« sei zu unbestimmt gefaßt, und es bestehe die Gefahr, daß dadurch allgemeine Werturteile über die NS-Gewalt- und Willkürherrschaft automatisch strafbar wären. Eine solche Bestimmung könnte mit dem Grundrecht auf Meinungsfreiheit kollidieren.[15]

Das Problem ist, daß gerade bei solchen »Gewalt- und Willkürherrschaften« (wie in Jugoslawien) oft nie definitiv der »Schuldige« ausfindig gemacht werden kann und nicht sicher feststeht, wer welche Taten vollbracht hat. Es ist dann oft willkürliche Definition, welche Seite »gut« oder »böse« war. Hier jedoch mit dem Strafgesetzbuch einzuschreiten würde die Meinungsfreiheit gefährden. Das Problem liegt hier, wie beschrieben, in den schwammigen Formulierungen, die auf alles und jeden angewendet werden können.

Das gleiche, nur noch in einem viel größeren Rahmen wird nun bereits europaweit durchgesetzt.

»›Als eklatant rechtsstaatswidrig‹ bewerten dies Strafrechtler wie der Münchner Ordinarius Bernd Schünemann. ›Das Prinzip der gegenseitigen Anerkennung, das dem Europäischen Haftbefehl zugrunde liegt, führt zur Exekution der europaweit jeweils schärfsten Strafrechtsnorm. Das ist unerträglich.‹ Es gilt also gleiches Unrecht für alle. Besonders problematisch wird dies bei Taten, die der Verdächtige gar nicht in dem Land begangen hat, in das er ausgeliefert werden soll. Im Ergebnis können sich Deutsche nicht mehr auf deutsches Recht verlassen.«

Welt am Sonntag, 10.4.2005

Der europäische Haftbefehl – jeder wird kriminalisiert

Obwohl das Bundesverfassungsgericht im Juli 2005 den Europäischen Haftbefehl gestoppt hat, da die Umsetzung nicht dem Grundgesetz entspricht, ist die folgend beschriebene Gefahr nur verschoben, keinesfalls gebannt worden. So kritisierte das Verfassungsgericht nicht den fragwürdigen Haftbefehl an sich, sondern mahnte nur eine andere gesetzliche Umsetzung an. Dazu kommt, daß der Haftbefehl im ganzen übrigen Europa volle Gültigkeit besitzt.[16]

Eine ganz gefährliche Entwicklung beschreibt deshalb der Italiener Carlo Alberto Agnoli, die bereits vor einigen Jahren unbemerkt von der Öffentlichkeit in Gang gesetzt wurde. Um Verbrechen und Terror europaweit zu bekämpfen, wurde ein sogenannter europäischer Haftbefehl beschlossen und im August 2004 ohne Berichterstattung der Massenmedien in Kraft gesetzt. Durch diese Maßnahme soll es in der ganzen Europäischen Union möglich sein, jederzeit die Auslieferung jedes Bürgers ohne Überprüfung der Angelegenheit im Heimatland zu verlangen, wenn dies ein beliebiges Gericht in der EU anordnet. Was sich auf den ersten Blick sinnvoll anhört, verliert schnell jeden praktischen Nutzen, wenn man sich die zur Auslieferung berechtigenden Strafpunkte ansieht. Dazu gehören beispielsweise ohne nähere Definition Begriffe wie Betrug, Terrorismus, Geldfälschung, Umweltvergehen, Fremdenfeindlichkeit und so weiter.

Das Fatale ist, daß diese Punkte nicht näher definiert wurden. Jedes Land und jedes Gericht kann dies anders sehen, was beispielsweise »Fremdenfeindlichkeit« ist. Ist darunter Gewalt gegen Fremde zu verstehen oder bereits Meinungsäußerungen, daß man mit der Einwanderungspolitik nicht einverstanden ist?

Doch es kommt noch schlimmer: Durch diesen europäischen Haftbefehl sollen praktisch alle völlig unterschiedlichen Gesetze der 25 EU-Mitgliedstaaten überall in der ganzen EU vollzogen werden können. So könnte beispielsweise Litauen die Auslieferung eines jeden EU-Bürgers beantragen, der gegen das dortige Rassismusgesetz durch Äußerungen gegen Ausländer verstößt, obwohl dies in seinem Heimatland als freie Meinungsäußerung gilt.

Da niemand die ganzen Gesetze aller EU-Staaten kennen kann und diese nun Gültigkeit für das ganze EU Gebiet bekommen sollen, ist jeder zu jeder Zeit kriminell. Wer weiß schon, ob nicht eine gerade gemachte Äußerung gegen oder für etwas nicht beispielsweise in Polen verboten ist und er dann ohne Überprüfung des Falles im Heimatland dorthin ausgeliefert und eingesperrt wird? Wo die »Tat« begangen wurde, interessiert nicht mehr, es ist nur noch von Belang, nach welchem Gesetz in welchem EU-Staat dies verboten ist.

Dieses Gesetz erlaubt es dem System, jede beliebige Person in ein fernes EU-Land abzuschieben. Man könnte also durchaus ganze Menschengruppen durch fadenscheinige Anschuldigungen in alle möglichen Gefängnisse von Europa verschleppen.

Das könnte dann so aussehen: Sie sind ein ehrbarer Bürger, der sich strikt an die deutschen Gesetze hält. Eines Tages kommt die Polizei bei Ihnen vorbei und fordert Sie auf mitzukommen, da ein europäischer Haftbefehl gegen Sie vorliegt und Sie sofort nach Litauen ausgeliefert werden sollen. Sie hätten angeblich gegen das dortige »Rassismusgesetz« verstoßen. Worum es genau gehe, werde man Ihnen in Litauen erklären. In Deutschland interessiert sich weder der Haftrichter noch sonst jemand für Ihren Fall, da eine Überprüfung in Ihrem Heimatland nicht vorgesehen ist. Auch findet es keinen Anklang, daß Sie betonen, noch nie in Litauen gewesen zu sein. Dorthin geschafft, erfahren Sie, das Sie von einem Litauer angezeigt wurden, da Sie sich in Deutschland kritisch zur Einbürgerungspolitik geäußert haben. Da Sie dort weder die Sprache beherrschen noch Verwandte und Bekannte Ihnen helfen können, sind Sie völlig auf sich allein gestellt. Sie können nicht einmal mehr Ihre Ersparnisse einsetzen, um einen Anwalt zu beauftragen, da auch Ihr gesamtes Vermögen mit dem Haftbefehl konfisziert wurde. Sie werden zu mehreren Jahren Gefängnis verurteilt, obwohl Ihre Äußerung in Deutschland als freie Meinungsäußerung gilt.

Mit solchen Maßnahmen wird Angst erzeugt. Wie unter den vergangenen Diktaturen muß jeder fürchten, wegen Nichtigkeiten jederzeit verschleppt zu werden.[17]

Man fragt sich, wie solch eine Regelung überhaupt ohne grundlegende Diskussion beschlossen werden konnte. Das Magazin Focus zitierte dabei den Strafrechtler und CDU-Abgeordneten Siegfried Kauder, der gerade mal drei Tage Zeit hatte, sich mit dem komplizierten europäischen Haftbefehl zu befassen.

Ständig habe immer der Justiz-Staatssekretär gedrängelt, daß der Bundesrepublik eine Bestrafung drohe, wenn der Beschluß nicht zügig umgesetzt werde. Über Spielräume zu Gunsten der Bürger sei nie gesprochen worden, nur über die technische Umsetzung. Auch der Grünen-Parlamentarier Hans-Christian Ströbele äußerte, daß sie nur Vollzugsorgan gewesen seien und er sich unfrei gefühlt habe, weil die Bundesregierung zuvor schon zugestimmt habe.[18]

Warum in der EU solche extremen Entwicklungen zu beobachten sind, das hat möglicherweise noch ganz andere Ursachen, als man auf den ersten Blick vermuten würde.

»Wir beschließen etwas, stellen das dann in den Raum und warten einige Zeit ab, was passiert. Wenn es dann kein großes Geschrei und keine Aufstände gibt, weil die meisten gar nicht begreifen, was da beschlossen wurde, dann machen wir weiter – Schritt für Schritt, bis es kein Zurück mehr gibt.«

Jean Claude Juncker, Ministerpräsident Luxemburg zur demokratiepolitischen Lage in der EU[19]

Die EU als Nachfolger der Sowjetunion?

Wladimir Bukowski, einer der namhaftesten sowjetischen Dissidenten, verglich die EU in diesem Zusammenhang mit der Sowjetunion. Er war viele Jahre als Regimegegner dort im Gefängnis und fragte sich bereits im Jahr 2001, ob Europa auf dem Weg in eine Diktatur sei. Er sieht dabei deutliche Parallelen zur Sowjetunion, weil beide aus einem Zusammenschluß vielfältiger unterschiedlicher Staaten bestünden. Dabei wurde die Sowjetunion von etwa 15 Personen regiert, die nicht direkt gewählt wurden, ähnlich der EU, die durch zwei Dutzend Leute gelenkt werde, die ebenfalls nicht direkt gewählt wurden. Ebenfalls konnte in der Sowjetunion zwar theoretisch jeder Staat aus dem Verbund austreten, wobei es jedoch kein praktisches Verfahren dafür gab – ähnlich der EU heute. In beiden sieht er eine sozialistische Korruption. Beide hätten die Maxime, nur solange überleben zu können, so lange immer mehr neue Staaten eingegliedert würden. Das sei auch der Grund dafür, warum sich die EU immer mehr vergrößere, obwohl das ökonomisch sinnlos sei. Seiner Meinung nach war die Grundidee zur EU ein freier Markt und kein Staatenverbund mit Abschaffung der Nationalstaaten. Dies änderte sich nach Bukowski im Jahr 1985: Seiner Meinung nach war geplant, die Wende von 1989 vorzutäuschen, um danach die EU gewissermaßen in eine Ersatz-Sowjetunion umzuwandeln, die den Sozialismus stützen sollte. Dies schlug jedoch fehl, weil die Menschen keine sozialistischen Führer wollten, wodurch die Sowjetunion unterging und das sozialistische Projekt EU übrig blieb. Er erwartet nun, daß es bezüglich der EU zum genauen Gegenteil kommen wird, als offiziell propagiert wird: Gesagt wird, daß wir die EU bräuchten, um Streit und Krieg zu verhindern – er erwartet, daß es genau durch die EU zu Uneinigkeit kommen wird. Ebenso würden die nationalen Unterschiede nicht überwunden, sondern gesteigert. So gab es auch in der Sowjetunion mehr ethnische Konflikte als irgendwo sonst auf der Welt. Durch die EU würden wir seiner Meinung nach nicht unabhängiger, sondern zunehmend arm, unfähig, überreguliert und abhängig von Amerika. Er erwartet das Aufkommen einer europäischen Steuer, um die steigenden Kosten der EU zu finanzieren. Das Schlimmste: Die EU führt nach Bukowski dazu, daß Grundrechte eingeschränkt werden. Es werde eine europäische Polizei geben, verglichen mit dem KGB, deren Angehörige unglaubliche Befugnisse erhalten sollen. Sie sollen Immunität besitzen, also selbst nicht rechtlich belangt werden können. Es wird für die Bürokraten unbegrenzte Machtbefugnisse geben, die es erlauben, jeden zu jeder Zeit ohne richterliche Überprüfung willkürlich zu deportieren. Diese EU werde seiner Meinung nach zusammenbrechen, was zu wirtschaftlichen Schwierigkeiten führen und Feindseligkeiten verursachen wird. Er sieht die EU jedoch als wesentlich schwächer an, als es die Sowjetunion war, da die EU nur von Bürokraten gelenkt werde.[20]

Ob diese These des russischen Dissidenten stimmt oder nicht: Interessant sind die Parallelen zur heutigen EU, die man offensichtlich nur noch mit immer mehr Vorschriften und der Abschaffung von Freiheit sowie Grundrechten meint zusammenhalten zu können.

»Die Alternative zum Kalten Krieg kann aber nicht in einer Strategie weltweit angeordneter Befreiungskriege liegen. Vielmehr beginnt die seit einigen Jahren einsetzende ausschließliche Militarisierung von Problemfeldern, den Weg für einen globalen Konflikt nie gekannten Ausmaßes zu bereiten.«

Peter Gauweiler,
CSU-Bundestagsabgeordnete[21]

Terrorismus – das Alibi, um die Freiheit abzuschaffen?

Wenn es darum geht, die Freiheit einzuschränken, ist häufig die Rede vom weltweiten Terrorismus, den man nur so bekämpfen könne. Doch stellt sich dabei schnell die Frage, ob dies damit überhaupt möglich ist oder ob nicht sogar die Einschränkung von Grundrechten zu den Ursachen gehört. Terror entwickelt sich meist dann, wenn eine Bevölkerungsgruppe unterdrückt wird und dies vor allem mit großer Armut einhergeht. Im Wohlstand erhält der Terrorismus gar keine Unterstützung in der Bevölkerung. Bei einer zunehmenden Verarmung jedoch treten auch kulturelle Differenzen zutage und entladen sich in Gewalt. Schärfere Gesetze und Repressalien dagegen verschärfen meist den Widerstand noch weiter – Druck erzeugt immer Gegendruck.

Eine andere Form des Terrorismus ist der Staatsterror, um gerade eine Rechtfertigung für Repressalien zu erhalten. Aus der Geschichte sind zahllose Terrormaßnahmen bekannt, um eine Legitimation beispielsweise für einen Krieg zu bekommen. Häufig jedoch kann gar nie sicher geklärt werden, wer überhaupt die Drahtzieher eines Anschlages waren, da die beteiligten Staaten dies sehr gut durch geheimdienstliche Mittel tarnen können. Wie Skeptiker sagen, ist es hier immer nützlich zu fragen: »Wem nützt es?« Wenn ein Land durch einen Terrorangriff einen Vorteil oder eine Rechtfertigung für Repressionen erhält, liegt zumindest der Verdacht nahe, daß dieser Staat in den Fall irgendwie verwickelt ist. So geht man auch in der Kriminalistik vor: Brennt beispielsweise ein Haus ab und der Besitzer erhält dadurch einen großen Betrag von der gerade abgeschlossenen Feuerversicherung, ist die Person zumindest verdächtig. Wendet man diese Logik auf die letzten Terroranschläge an, dann sind die meisten davon in der Urheberschaft doch nach der Meinung von Kritikern sehr dürftig. Immer waren die Terrorangriffe nach der Meinung von Skeptikern willkommene Ereignisse, um Grundrechte abzuschaffen und Freiheiten durch repressive Gesetze zu beschneiden, die ohne die Anschläge wohl nie hätten verabschiedet werden können. Immer werden nach ziemlich kurzer Zeit irgendwelche Schuldigen präsentiert, obwohl die Fälle zu diesem Zeitpunkt noch nicht einmal ansatzweise untersucht wurden. Oder es werden nur Vermutungen angestellt, die dann in den Medien so oft wiederholt werden, bis sie in der Öffentlichkeit als Gewißheiten gelten, ohne daß je Beweise vorgelegt würden. Der ehemalige Forschungsminister und langjähriges Mitglied der Parlamentarischen Kontrollkommission für die Geheimdienste Andreas von Bülow hatte dazu bereits viele Jahre vor den Terroranschlägen in New York in seinem Buch »Im Namen des Staates« aus seiner Arbeit mit Geheimdiensten berichtet: Er beschrieb, daß schon damals in praktisch alle Konflikte und Anschläge irgendwelche Geheimdienste irgendwelcher Länder beteiligt waren und dies auch der Grund dafür sei, daß es nie zu friedlichen Zuständen komme.

Ein Beispiel, wie rätselhaft Terrorismus oftmals ist, war der Anschlag von Beslan in Russland im Herbst 2004, als Terroristen Kinder einer Schule als Geiseln nahmen und hinterher 330 Menschen, darunter 186 Kinder, getötet wurden. Die Tageszeitung »Die Welt« berichtete dazu Anfang 2005 über den Untersuchungsausschuß des russischen Parlaments, der eine Beteiligung von Armeeangehörigen an der Geiselnahme sah. Die Parlamentskommission berichtete, daß hohe russische Offiziere Helfershelfer der Terroristen gewesen seien. Ohne Helfer wäre es nicht möglich gewesen, einen Terroranschlag dieses Ausmaßes zu verüben, sagte Alexander Torschin als stellvertretender Duma-Sprecher und Vorsitzender der Kommission. Die Offiziere seien nicht nur aus Beslan gewesen, sondern hätten auch auf föderaler Ebene agiert. Vor allem die Korruption sei ein großes Problem, und viele Offiziere würden für Geld alles machen.

Bekannt sei, daß am Tage der Geiselnahme einige örtliche Milizionäre gegen ein Entgelt bereitwillig wegschauten, als die schwerbewaffneten Gangster die zahlreichen Kontrollpunkte auf dem Weg nach Beslan passierten. Kommissionsvorsitzender Torschin räumte ein, daß es Kräfte gebe, die die Arbeit des Untersuchungsausschusses behindern könnten. Die Bewohner von Beslan mißtrauten den eigenen Behörden ebenso wie der Duma und glaubten, daß die Wahrheit über den Terroranschlag verschleiert werden solle. Eine unabhängige, internationale Untersuchung des Anschlages wurde vom Untersuchungsausschuß abgelehnt, da es Probleme mit der Übersetzung und dem Zugang zu streng geheimen Dokumenten gebe.[22] Ob dabei die Regierung beteiligt war oder nicht und wie die genauen Hintergründe des Anschlages waren, wird sich wohl nie völlig aufklären. Jedoch zeigt es, daß offenbar allgemein hohe Kreise am vermeintlichen »Terrorismus« beteiligt sind und daraus ihren Nutzen ziehen.

Kritiker weisen darauf hin, daß es sich auch mit den Anschlägen in der westlichen Welt ähnlich verhalte. Meist sei nichts richtig und schon gar nicht unabhängig aufgeklärt worden, sondern es würden nur Grundrechte außer Kraft gesetzt und repressive Gesetze eingeführt, um die »Sicherheit« zu gewährleisten. Daneben könne durch die ständigen Terrorwarnungen immer wieder neue Angst in der Bevölkerung erzeugt werden. Durch Angst sei es wiederum möglich, noch mehr repressive Gesetze einzuführen mit der Begründung, den Terror besser abwehren zu können.

Wie Terrorismus dazu benutzt wird, immer mehr repressive Gesetze einzuführen, wurde im Juli 2005 deutlich, als nach Anschlägen in London sofort Gesetzesverschärfungen angekündigt wurden. Dabei sollte schon mit langen Gefängnisstrafen bestraft werden, wer die »Werte des Westens angreift«. Wer falsche Internetseiten liest, die mit Terror in Verbindung gebracht werden, soll ebenfalls hart bestraft werden.[23] Da könnte es dann schnell passieren, daß jemand, der zufällig auf eine falsche Internetseite gelangt, plötzlich in Terrorverdacht gerät und dann möglicherweise über den europäischen Haftbefehl nach London deportiert wird.

Auch in Deutschland wurde nach den Anschlägen sofort ein deutliche Ausweitung der Videoüberwachung gefordert. Der Datenschutzexperte der SPD-Bundestagsfraktion, Jörg Tauss, kritisierte die Maßnahmen und erklärte, daß die europäischen und deutschen Innenminister eine »Monsterüberwachung« wollten, was »schlichte Paranoia« sei.[24]

Deutlich wird jedoch an der heutigen Entwicklung, daß es durch unsere immer stärkeren juristischen Repressalien zu einer zunehmenden Einschränkung der Freiheit und Angst in der Bevölkerung kommt.

Nützlich ist dies für das System, weil niemand mehr das Ganze sich zu hinterfragen traut.

Zu dem immer stärkeren juristischen Druck auf die Bevölkerung wird gleichzeitig in immer stärkeren Maße ein Überwachungssystem geschaffen, das es erlaubt, die Bevölkerung zu kontrollieren und eines Tages möglicherweise zu gängeln.

»Die exzessive ›prophylaktische‹ Datenerhebung bei immer mehr Menschen und weit im Vorfeld jedes Tatverdachts ist nicht nur ein Anzeichen staatlichen Mißtrauens gegenüber den Bürgern. (...) Alle verdachtlos gesammelten Daten, wie zufällig und stichhaltig auch immer, könnten irgendwann einmal den Bürger ins Fadenkreuz strafrechtlicher Ermittlungen geraten lassen. Im Ergebnis ist der Unschuldige gezwungen, Beweise zu seiner Entlastung beizubringen.«

c't Heft 1, 2005

»Die Politik weckt einen – realen oder abstrakten – Bedarf an Sicherheit, und nur der Staat gibt vor, diesen befriedigen zu können. ›Sicherheit‹ ist dabei nur ein Teilaspekt der Prävention, die alle Lebensbereiche des Bürgers durchzieht. Mag jede einzelne der seither forcierten Maßnahmen schon fragwürdig sein, in der Summe sind sie kaum etwas anderes als die berüchtigten Ermächtigungsgesetze aus einem dunklen Kapitel deutscher Historie.«

Smart Investor 5/2005-05-04

DER ÜBERWACHUNGSSTAAT – GEORGE ORWELL LÄSST GRÜSSEN

Von der Öffentlichkeit weitgehend unbeachtet, werden immer mehr Lebensbereiche des persönlichen Lebens überwacht und kontrolliert. Dabei sollte es in einem demokratischen, freiheitlichen System eine Selbstverständlichkeit sein, daß die Privatsphäre geachtet wird und jeder Bürger maximale Freiheiten erhält. Doch geschieht heute genau das Gegenteil.

Hier ist es nötig, gleich zu Beginn mit einem gefährlichen Trugschluß aufzuräumen: Die Einstellung der meisten Bürger lautet in etwa: »Wer nichts auf dem Kerbholz hat, der hat vor dem Überwachungsstaat nichts zu befürchten. Dieser will nur Verbrecher und Terroristen jagen, und das ist gut, weil es uns mehr Sicherheit bringt.«

Die Frage ist dabei: Was ist ein »Verbrecher« oder »Terrorist«, und wer lenkt zu welchem Zweck das Überwachungssystem? Zuerst einmal ist es pure Definition, was als Verbrechen gilt und was nicht. Es gibt Länder auf der Welt, in denen die Benutzung des Internets als schwere Straftat gilt oder in denen Bücher verboten sind. Wie im Kapitel über das Rechtssystem gezeigt, wird hier zunehmend die Lage verschärft, womit die Definition für »Verbrechen« immer mehr ausgeweitet wird. Heute harmlose Bürger können da morgen schon zu solchen »Verbrechern« gezählt werden. Wenn man unsere jüngste Geschichte ansieht: Wer garantiert dafür, daß es nicht wieder irgendwann einmal eine Diktatur gibt, die gewaltsam die Macht übernimmt? Was ist, wenn solch eine Diktatur – oder die Mafia – sich dieses ausgefeilten Überwachungsnetzes bemächtigt und damit die Bevölkerung unterdrückt? Welche Ziele verfolgen die Kreise, die an der Schaffung eines solchen Überwachungsstaates arbeiten? Was wäre gewesen, hätten die vergangenen Diktatoren über solch einen Überwachungsstaat verfügt? Alles Fragen, die doch zu Skepsis gegenüber der durch diese Schnüffeltechnik angeblich gesteigerten »Sicherheit« anregen sollten.

Grundsätzlich gilt: Jede vermeintliche »Sicherheit«, die durch den Ausbau eines Überwachungsnetzes geschaffen wird, schmälert automatisch die Freiheit. Freiheit jedoch ist die Grundlage der Demokratie, und wenn sie einmal verloren gegangen ist, wird sie nach den geschichtlichen Erfahrungen nie wieder freiwillig zurückgegeben. Der Grundsatz lautet deshalb: »Wer Freiheit aufgibt, um Sicherheit zu erlangen, der verliert am Ende beides!«

Doch gerade in diesem wichtigen Punkt schläft die Bevölkerung und unterstützt sogar noch teilweise den Aufbau einer solchen Schnüffeltechnik.

> *»Wer selbst ein Leben führt, in dem es nichts gibt, was man für wertvoll oder eigenwillig genug hält, daß es lohnte, verborgen zu werden, ein Leben, für das bisweilen nicht einmal Einkünfte vorhanden sind ..., der mißtraut den anderen, die großen Wert auf die Wahrnehmung ihrer Privatsphäre legen.«*
>
> *c´t Heft 1, 2005*

Die Entwicklung zum Überwachungsstaat

Zum ersten Mal Notiz nahm die Bevölkerung überhaupt von der Verwendung ihrer Daten und dem möglichen Missbrauch vor über zwanzig Jahren, als vom Staat im Jahr 1983 eine Volkszählung durchgeführt werden sollte. Bei der umstrittenen Aktion urteilte das Bundesverfassungsgericht damals: »Wer nicht mit hinreichender Sicherheit überschauen kann, welche ihn betreffenden Informationen in bestimmten Bereichen seiner sozialen Umwelt bekannt sind, und wer das Wissen möglicher Kommunikationspartner nicht einigermaßen abzuschätzen vermag, kann in seiner Freiheit wesentlich gehemmt werden, aus eigener Selbstbestimmung zu planen oder zu entscheiden.« Ebenso wurde betont, daß es angesichts der technischen Möglichkeiten (die 1983 im Vergleich zu heute noch minimal waren) keine unbedeutenden oder nutzlosen Daten gebe. Durch die Verknüpfungsmöglichkeiten könne ein belangloses Datum einen ganz anderen Stellenwert erhalten.[25]

Doch seither ist das Thema Datenschutz entgegen der technischen Entwicklung bei der Bevölkerung in den Hintergrund getreten. Niemand macht sich mehr Gedanken, wo er Daten hinterläßt, und es ist fast gleichgültig geworden, daß jeder kontrolliert wird. In diesem Umfeld konnte zunehmend ein regelrechter Überwachungsstaat aufgebaut werden, zu dem niemand sagen kann, welchem Zweck er eigentlich dienen soll.

Immense Ausmaße der Überwachungstechnik

Die Gefahr der immer ausgefeilteren Schnüffeltechnik liegt weniger in den einzelnen Techniken selber, als in der Kombination der vielen Überwachungsbereiche. Da geht es um ständige Videoüberwachung, Abhören und Speichern aller Telefonate und Internetverbindungen, RFID-Chips in Ausweisen und Geldscheinen, Bewegungskontrolle durch Mautsysteme, Gentests und so weiter. Das Fatale ist, daß diese einzelnen Maßnahmen immer durch angeblich gewichtige Gründe legitimiert werden. Einmal geht es darum, »Terroristen« zu fangen, ein andermal darum, der »Mafia« das Handwerk zu legen oder die »Sicherheit« als Ganze zu steigern. Ganz zu schweigen von den »Kinderschändern« die »überall« lauern und die man mit immer mehr technischem Aufwand dingfest machen möchte. Man verunsichert damit die Bevölkerung und macht ihr Angst. Es wird der Eindruck erweckt, als stünde an jeder Ecke ein Terrorist, und überall wimmle es nur so von Verbrechern und Kriminellen. Da die Bevölkerung Angst hat, sucht sie Schutz darin, daß sie ihre Freiheit aufgibt – und wird am Ende beides verlieren.

RFID-Chips – die lautlose Überwachung

Ein neuer Bereich der Überwachungstechnik stellen die sogenannten RFID-Chips dar. Das sind Chips, die sich unbemerkt aus der

Ferne lesen lassen. Man strahlt Mikrowellen ein, und die Chips antworten darauf mit einen Signal, das in der Regel eine Kennummer des Chips enthält. Das alles kann völlig unauffällig geschehen, anders als beim Ablesen von Barcodes, für das ein Scanner benutzt werden muß und das jedem sofort auffällt. Bisher sind diese Chips vor allem aus den großen Kaufhäusern bekannt, in denen beispielsweise Kleidungsstücke damit versehen sind. Verläßt ein Ladendieb das Kaufhaus, ohne bezahlt zu haben, dann gibt die Kontrollschranke am Ausgang Alarm. Was an diesem Beispiel noch ganz nützlich und sinnvoll erscheint, sieht ganz anders aus, wen man sich die künftig geplanten Einsatzbereiche näher ansieht: So sollen in der EU und den USA ab dem Jahr 2005 Pässe mit biometrischen Merkmalen ausgegeben werden, wobei die persönlichen Daten und das Bild auf einem RFID-Chip gespeichert werden sollen. Offiziell wird gesagt, daß diese Daten nur aus wenigen Zentimetern Nähe lesbar sein sollen, also nur wenn der Paß bewußt auf ein Lesegerät gelegt wird. Doch ergaben Messungen von Experten, daß die Chips mit tragbaren Lesegeräten auch unbemerkt aus mehreren Metern Entfernung gelesen werden können.[26]

Das bedeutet: Wenn alle Ausweise mit diesen Chips ausgestattet sind, wird eine genaue Bewegungskontrolle möglich wird, bei der durch stationäre oder mobile Lesegeräte erfaßt, wer sich wann an welchem Platz aufgehalten und wie bewegt hat. Kombiniert mit der ausufernden Videoüberwachung mit Computererkennung von Gesichtern hätte man damit allein schon einen fast lückenloses Überwachungsnetz.

Doch die Nachteile und Gefahren der RFID-Chips gehen noch weiter: So werden in Zukunft immer mehr Geräte damit ausgestattet. Es ist dann nicht mehr möglich, bei einem Schaden auf günstige Ersatzteile anderer Hersteller zurückzugreifen, da beispielsweise ein Auto nur dann läuft, wenn das überteuerte Original-Ersatzteil mit dem richtigen Chip eingebaut wird.

Dazu kommt, daß jederzeit erfaßt werden kann, wo sich welches Gerät befindet und wem es gehört. Hier lassen sich wieder Rückschlüsse auf das Verhalten aller Personen ziehen. Dazu kommt, daß in naher Zukunft Eintrittskarten mit diesen Chips versehen werden, womit sich wieder eine Totalkontrolle realisieren läßt. Auch in Unternehmen werden diese Chips Einzug halten. Dann kann innerhalb des Betriebes genau kontrolliert werden, wer sich wann wo aufgehalten hat. Nicht einmal der Toilettenbesuch während der Arbeitszeit wird dann dem »Großen Bruder« verborgen bleiben. Wer sich künftig zu häufig am falschen Platz einfindet, dem wird gekündigt.

Auch beim Einkaufen kann immer mehr erfaßt werden, wer welche Waren kauft und welche Verhaltens- und Gewohnheitsmuster ihn auszeichnen.

Noch brisanter wird es, wenn die neue Technik in die Geldscheine Einzug hält: Noch im Jahr 2005 sollen die Euro-Scheine nach Planungen mit den Funkchips ausgestattet werden. Damit ließe sich jederzeit unbemerkt aus der Ferne feststellen, wer welche Beträge bei sich führt und wo er sie deponiert hat. Dann wird auch der Vorteil des heutigen Bargeldes, anonym ohne Kontrolle etwas kaufen zu können, verloren gehen. Es wird auch nicht mehr möglich sein, Geldbestände von einem zum anderen Ort zu transportieren, ohne daß undurchschaubare Kontrollinstanzen dies registrieren.[27]

Stellen Sie sich folgendes Szenario vor, das bereits in wenigen Jahren Realität sein kann: Sie gehen einkaufen. Bereits am Eingang des Kaufhauses erfaßt ein Mikrowellenscanner Ihre Kundenkarte – die Kaufhauszentrale weiß also, wer das Kaufhaus betritt. Gleichzeitig werden die RFID-Chips in Ihrer Kleidung, Ihren Schuhen und der übrigen Ware erfaßt, womit die Kaufhauszentrale darüber informiert ist, welche Unterwäsche oder welche Schuhe Sie tragen. Diese ganzen Daten werden permanent gespeichert, und Geheimdienste, Mafia und alle Arten von Schnüfflern haben Zugriff darauf. Man kennt also ganz genau Ihre Gewohnheiten, Ihre Vorlieben, wo Sie sich aufhalten und so weiter. Damit sind Sie vollkommen kontrollierbar und dem System ausgeliefert.

Die RFID-Technik eröffnet damit für den Überwachungsstaat ganz neue Möglichkeiten, denen sich niemand mehr entziehen kann.

Handys – tragbare Wanzen für jedermann

Während die RFID-Technik unbemerkt eingeführt wird, gibt es einen anderen Bereich, der über Jahre hinweg offen begründet wurde. Dies sind die sogenannten »Handys« (ein Kunstwort, das es im Englischen nicht einmal gibt). Neben dem Telefonieren ist es mit diesen Geräten möglich, jederzeit die Position festzustellen. Jedes Funktelefon sendet regelmäßig einen Impuls aus, anhand dessen die

Zentrale feststellen kann, wo sich jedes Gerät aufhält und wohin eventuell ankommende Gespräche hin vermittelt werden sollen. Diese Daten werden permanent gespeichert, womit sich auch im nachhinein genau feststellen läßt, wann sich welches Telefon wo aufgehalten hat. Da man in Deutschland selbst vorausbezahlte Funktelefone (»prepaid«) nur mit Vorlage des Ausweises und genauer Registrierung anmelden kann, ist gleichzeitig bekannt, welche Person das Handy nutzt. Da die allermeisten Leute das Gerät immer bei sich tragen (um »in« zu sein und zu demonstrieren, wie »wichtig« man angeblich ist), lassen sich damit umfassende Bewegungsmuster feststellen: welche Person welche Gewohnheiten hat, welche Lokale aufsucht, sich mit wem trifft und so weiter. Doch es geht noch weiter: Es lassen sich mit den Funktelefonen auch Gespräche abhören, ohne daß der Nutzer dies merken würde. Sogar das Abhören von Gesprächen in Nebenräumen soll möglich sein. In Managerkreisen ist es deshalb heute vielfach Pflicht, nicht nur die Geräte abzuschalten, sondern auch den Akku zu entfernen, da auch ein abgeschaltetes Gerät abgehört werden kann.

Mit den Handys hat man es also geschafft, jeden Bürger mit einer tragbaren Wanze samt Peilsender auszustatten. Man stelle sich vor, welchen Aufschrei es gegeben hätte, wenn die Leute dazu gezwungen worden wären, ab sofort einen Sender mit sich herumzutragen, der anonymen Hintergrundkräften die genaue Position mitteilt und dazu noch ein Abhören gewährleistet. Mit dem Argument des Telefonierens und einer kräftigen Medienwerbung war es möglich, die Leute dazu zu bringen, ganz freiwillig auf diese Technik zu setzen, und nicht nur das – auch noch selbst den entsprechenden Aufbau zu bezahlen.

Dazu kommen noch triftige gesundheitliche Bedenken, da die Handystrahlung im Verdacht steht, massiv die Gehirnfunktionen zu stören und auf die Erbmasse Einfluß zu nehmen. Manche Experten gehen sogar so weit zu sagen, daß die Handymasten auch dazu missbraucht werden könnten, die Bevölkerung durch Mikrowellenbestrahlung zu kontrollieren. Entsprechende Versuche hätten ergeben, daß durch gepulste Mikrowellen bestimmter Frequenzen die Menschen im Verhalten beeinflußt werden können. Eine Demonstration könne sich dabei sehr schnell auflösen lassen, wenn die Teilnehmer plötzlich durch Mikrowellenbestrahlung der Handymasten in eine teilnahmslose Apathie verfallen. Wenn dies zutrifft, hätte ein potentieller Überwachungsstaat mit den Handys gleich drei Fliegen mit einer Klappe geschlagen: Bestimmung des Aufenthaltsortes und die Möglichkeit des Abhörens von Gesprächen, sowie die gezielte Verhaltenskontrolle.

Autobahnmaut – jeder wird registriert

Eine andere Maßnahme, die Bewegungsdaten der Bevölkerung liefert, ist die seit dem Jahr 2005 in Deutschland eingeführte Lkw-Autobahnmaut. Anders als etwa in Österreich oder der Schweiz ist das deutsche System sehr aufwendig und nicht anonym. Durch zahllose Kontrollbrücken auf den Autobahnen wird jedes vorbeikommende Fahrzeug erkannt, anhand der Nummer identifiziert und sogar ein Fahrerfoto festgehalten.

Der Bundesbeauftragte für den Datenschutz, Peter Schaar, hat bereits davor gewarnt, die Lkw-Maut auf Pkw und Kleintransporter auszudehnen. Dies sei unter Datenschutzaspekten äußerst bedenklich, weil damit der Grundsatz der datenfreien Fahrt, der für alle privaten Pkw-Nutzer uneingeschränkt gilt, verletzt würde. Es dürfe nicht zu einer generellen Registrierung individueller personenbezogener Daten der Verkehrsteilnehmer kommen.[28]

Lange Zeit funktionierte das komplizierte System nicht, deshalb wurden Anfang 2004 die Verträge mit den Betreiberfirmen dem Konsortium Toll Collect, dem DaimlerChrysler, die Deutsche Telekom und der französische Autobahnbetreiber Cofiroute angehören, gekündigt. Doch während normalerweise bei einer Vertragsaufhebung unmittelbar alle Arbeiten eingestellt werden, wurden weiter – so als ob nichts geschehen sei – die Mautbrücken installiert. Plötzlich waren dann die Betreiberfirmen wieder im Rennen, und das zweifelhafte System ging Anfang 2005 in Betrieb. Auch die Rentabilität spricht gegen diese Technik: So sprechen Experten davon, daß rund dreißig Prozent der Einnahmen gleich wieder für den aufwendigen Betrieb verloren gehen.

Daß auch die Einnahmen des Systems zu wünschen übrig lassen, wurde schon kurz nach dem Betrieb im ersten Monat deutlich: Hochgerechnet auf ein Jahr wurden schon im Januar 2005 600 Millionen. Euro weniger eingenommen als erwartet.[29]

Noch deutlicher wurde der Widersinn des Systems, als Anfang 2005 ein Test ergab, daß neunzig Prozent der an den Autobahnen aufgestellten Mautbrücken nicht oder nur fehlerhaft für das Eintreiben der Maut funktionieren.[30]

Die sinnlose Komplexität des Systems und die hohen Kosten deuten darauf hin, daß dabei möglicherweise ganz andere Ziele verfolgt werden. So ließen sich damit auch wunderbar Systemkritiker verfolgen und dingfest machen.

Noch einen Schritt weiter gehen Forderungen der EU-Kommission, daß künftig unter dem einheitlichen europäischen Notruf »E-112« alle Neuwagen bei einem Unfall automatisch Alarm bei der nächstgelegenen Rettungszentrale auslösen sollten. Von 2009 sollen danach alle Neufahrzeuge in Europa mit einem einheitlichen Notrufsystem, genannt E-Call, ausgestattet werden, wobei die Elektronik des Fahrzeugs bei einem Unfall automatisch die Position melden soll.[31]

Was sich wieder auf den ersten Blick fortschrittlich anhört, sieht unter Berücksichtigung des Datenschutzes ganz anders aus: Wer kann denn dafür garantieren, daß Positionsdaten nicht heimlich auch ohne Unfall für Überwachungszwecke ausgelesen und gespeichert werden?

Kommunikationsüberwachung – der Große Bruder hört mit

Die Kontrolle der von den Grundrechten eigentlichen freien Kommunikation wurde schon in der Vergangenheit zunehmend eingeschränkt. Nach dem Terroranschlag in den USA am 11.9.01 wurde jedoch wie überall so auch hier eine deutliche Steigerung der Überwachung angestrebt. Schon Mitte 2002 wurde der erste Vorschlag im EU-Rat eingebracht. Dabei sollten alle anfallenden Kommunikationsdaten von den betroffenen Unternehmen ein Jahr lang aufbewahrt werden – was jedoch abgelehnt wurde. Nach den Anschlägen in Madrid im Jahr 2004 wurde noch einmal alles forciert und Speicherfristen zwischen einem und drei Jahren angestrebt. Dann wurde verlautbart, daß die Staaten die Speicherfristen selbst festlegen könnten. Dabei sollen alle Daten festgehalten werden, die bei Telefon, E-Mails, SMS, Internet und so weiter anfallen. Darunter fallen beispielsweise auch die Links jeder aufgerufenen Internetseite – es kann also genau nachverfolgt werden, wer wann welche Internetseite angesehen hat. Dadurch ist es möglich, Rückschlüsse auf die Interessen der Nutzer zu ziehen. Dabei sind die Maßnahmen zur Terrorbekämpfung mehr als fraglich. Volker Kitz vom Branchenverband Bitkom meinte etwa, daß der internationale Terrorismus sicher zwanzig Cent für die Telefonzelle investieren und damit die Maßnahmen aushebeln würde.[32]

Seit Anfang 2005 sind nun auch alle Anlagenbetreiber dazu verpflichtet, für Schnüffelmaßnahmen die geeigneten technischen Voraussetzungen zur Verfügung zu stellen. Dazu müssen die Betreiber nicht nur die kompletten Kosten für die Überwachung tragen, sondern auch noch der Behörde nachweisen, daß die geforderten Maßnahmen umgesetzt wurden.[33]

Datenschützer haben bereits angemerkt, daß die langen Speicherfristen der Europäischen Menschenrechtskonvention widersprächen. Bundesdatenschützer Peter Schaar betonte, daß die geplante Speicherung der kompletten Internetdaten einen unangemessenen Eingriff in das verfassungsrechtlich verbriefte Recht auf Privatheit der Bürger bedeute. Was vor allem fehle, seien stichhaltige Begründungen für die Maßnahmen. Er meinte, daß die Sicherheitsbehörden entweder gar keine Argumente hätten, oder man meine, in der jetzigen Situation keine Argumentation nötig zu haben. Auch fehlten Statistiken über die Datenspeicherung völlig.

Die Informationen zu diesem Bereich der einzelnen EU-Mitgliedstaaten seien öffentlich nicht zugänglich.[34]

Neue gesetzliche Regelungen räumen den Behörden zunehmend umfassende Möglichkeiten des Abhörens ein. Eine Ende 2003 in Kraft getretene Vorschrift erlaubt es beispielsweise in Niedersachsen der Polizei, auch ohne konkreten Tatverdacht Telefongespräche abzuhören sowie Verbindungsdaten, Standortkennungen von Handys, E-Mail- und SMS-Verkehr auszuwerten. Schon die bloße Annahme, daß Personen »Straftaten von erheblicher Bedeutung begehen werden«, reicht für eine komplette Überwachung aus. Dazu kommt, daß auch deren »Kontakt- und Begleitpersonen«, also jeder, der mit ihnen Kontakt hat, mit überwacht werden darf. In Thüringen existiert eine ähnliche Regelung, und Bayern und Hamburg planen ebenfalls solch eine Legalisierung umfassender Überwachung.[35]

Doch auch ohne eine solche Legalisierung von Schnüffelaktionen wurde schon massiv in die Grundrechte eingegriffen: Im Jahr 2002 wurden bereits 1,5 Millionen Menschen und mehr als zwanzig Millionen Telefonate in Deutschland abgehört.[36]

DNA-Analyse – die perfekte Kontrolle

Schon seit längerer Zeit wird eine umfassende Erfassung der Bevölkerung durch den sogenannten genetischen Fingerabdruck gefordert. Da jeder Mensch einen einmaligen genetischen Code in jeder Körperzelle trägt, kann jedes Körperteil, auch wenn es nur ein winziges Haar oder ein kleiner Tropfen Blut oder Speichel ist, exakt einer Person zugeordnet werden – soweit eine namentlich erfaßte Vergleichsprobe der Person erstellt wurde. Wenn alle Einwohner genetisch erfaßt wären, dann könnte es keine Verbrechen mehr geben, da jeder Täter zumindest ein Haar am Tatort zurückläßt – so die Argumentation der Überwachungspolitiker. Das hört sich gut an, jedoch stellt sich wieder die Frage, wie überhaupt zum Überwachungsstaat, was »Verbrechen« ist und wer den Schnüffelstaat überwacht. Was würde passieren, wenn eine Diktatur oder die Mafia die Kontrolle des perfekten Überwachungsnetzes übernehmen oder dieses von einer korrupten Regierung missbraucht würde? Dann wäre weder Protest noch Widerstand dagegen möglich, da man schon bei einer harmlosen Demonstration genug genetisches Material hinterläßt, um sicher identifiziert zu werden. Nicht einmal ein anonymes Protestschreiben wäre mehr möglich, da daran ebenfalls genetisches Material haftet.

Umso bedenklicher sind die Forderungen der Politiker aus allen Parteien nach dem genetischen Fingerabdruck. Auch die Entwicklung dahin zeigt, wie wichtig diese Kontrollmaßnahme den Verantwortlichen ist. So wurden in den Neunziger Jahren immer wieder Fälle von Kindermisshandlungen und Entführungen von den Medien völlig übertrieben dargestellt. Obwohl die tatsächliche Zahl derartiger Fälle drastisch sank, wurde über immer mehr Meldungen bei der Bevölkerung der Eindruck erweckt, die Taten würden immer mehr und immer grausamer. Die Fakten belegen, daß die Sexualmorde an Kindern unter 14 Jahren zwischen den Jahren 1971 und 1980 bei 86 lag und dann drastisch sank (1980 bis 1990: 45 Fälle) und zwischen

1990 und 2000 nur noch 35 Fälle festgestellt werden konnten.[37] Unschuldige Kinder eigneten sich dabei offensichtlich hervorragend für eine sensationslüsterne Medienpropaganda. Der Politik kam dieser wenig fundierte Rummel gelegen, und es wurden zunehmend Forderungen nach Einführung des genetischen Fingerabdruckes bei schweren Taten und nach richterlicher Anordnung laut. Deshalb wurde 1998 eine genetische Zentraldatei bei den Polizeibehörden angelegt. Immer wieder wurden danach die angeblichen »Erfolge« gelobt und gefordert, die Datei immer weiter auszuweiten. Anfang des Jahres 2005 forderten mehrere Landesjustizminister, daß der genetische Fingerabdruck als ganz normales Fahndungsmittel und damit auch bei leichten Straftaten ohne richterliche Genehmigung eingesetzt werden solle.[38]

Nordrhein-Westfalen gab sogar im Februar 2005 bekannt, daß der Polizei der Umgang mit DNA-Analysen erleichtert werden solle. Wenn Verdächtige auf eine richterliche Zustimmung verzichteten, könne die Polizei künftig im bevölkerungsreichsten Bundesland sofort deren DNA feststellen und archivieren. Zudem sprach sich die Landesregierung für eine massive gesetzliche Ausweitung der DNA-Analyse aus. Die bisher durch Bundesgesetz vorgeschriebene richterliche Zustimmung und die Beschränkung auf einen Straftatenkatalog sollten generell abgeschafft werden.[39]

Massiv Auftrieb erhielten die Forderungen, als der bekannte Münchener Modezar Mooshammer ermordet wurde und schon nach zwei Tagen der Täter mittels genetischem Fingerabdruck gefaßt werden konnte. Sofort waren sich alle politischen Vertreter darin einig, diese Maßnahme auszuweiten.[40]

Langfristig angestrebt wird wohl die komplette Erfassung der Bevölkerung. Wahrscheinlich wird der genetische Fingerabdruck immer mehr ausgeweitet, bis am Ende jeder normale Bürger bei der Ausweisbeantragung sein genetisches Material ebenfalls abliefern muß. Eine ganz andere Gefahr des Überwachungsstaates droht im Finanzbereich.

Kontoüberwachung – jeder ist verdächtig

Um den Terrorismus zu bekämpfen, wurde in den letzten Jahren immer mehr der Finanzbereich durchleuchtet. Es wurden engmaschige Kontrollen eingeführt, um die Geldströme von Terrorgruppen zu ermitteln. Dazu wurde in der Bundesanstallt für Finanzdienstleistungsaufsicht (BaFin) eine Schnittstelle geschaffen, über die alle bargeldlosen Geldbewegungen erfaßt werden. Ab April 2005 soll nun eine Reihe von Behörden wie Sozialamt, Arbeitsamt, Finanzamt etc. direkten Zugriff auf diese Daten haben. Festgelegt wurde es in einem »Gesetz zur Förderung der Steuerehrlichkeit«, das ohne große Diskussion stillschweigend Anfang 2004 durchgesetzt wurde. Es darf dann ohne jeden Verdacht überprüft werden, wer wo welche Konten hat, und in einem weiteren Schritt können auch der Kontostand und Kontobewegungen ermittelt werden. Der Bundesdatenschützer Peter Schaar erklärte bereits, daß die Datenschützer der Finanzüberwachung nur zugestimmt hätten, weil es explizit nur um die Terrorbekämpfung ging. Für Steuerzwecke sollte diese Kontoabfrage ausdrücklich nicht genutzt werden. Er bemängelte, daß eine breite Palette von Behörden Zugriff auf die Daten hätten und vor allem der Betroffene über die Kontrolle gar nicht informiert werde.[41]

Ähnlich äußerte sich der Präsident des Bundes der Steuerzahler Karl Heinz Däke: Mit dem »Gesetz zur Förderung der Steuerehrlichkeit« werde das Steuergeheimnis in bisher noch nie da gewesener Weise ausgehebelt, und künftig dürften viele staatliche Behörden Kontoabfragen durchführen, selbst wenn kein Verdacht auf Steuerhinterziehung vorliege. Dies wies das Bundesfinanzministerium zurück und sprach von »Panikmache«. Es drohe weder der »gläserne Steuerbürger«, noch werde das Bankgeheimnis ausgehöhlt. Es wurde darauf hingewiesen, daß eine Verwaltungsanordnung in Arbeit sei, die dazu führen solle, daß der Bürger im nachhinein informiert werde.[42]

Ende März 2005 urteilte das Bundesverfassungsgericht über die Kontenkontrolle, und die Richter machten in ihrer Begründung deutlich, daß sie das Ziel einer gleichmäßigen, sprich gerechten Erhebung von Steuern und Sozialversicherungsbeiträgen zunächst höher einschätzten als mögliche Eingriffe in den Datenschutz. Dabei sei die Gefahr eines Datenmissbrauchs bei der Umsetzung des Gesetzes eher gering.[43]

Was jedoch in der Rechtfertigung der Kontenkontrolle ganz vergessen wurde, ist der tiefgreifende Eingriff des Staates in private

Finanzen. Das Gesetz kann dann in Zukunft jederzeit oder heimlich schrittweise verschärft werden, bis hin zum Überwachungsstaat. Daß es um mehr als Steuerehrlichkeit geht, zeigte sich schon wenige Wochen nach Inkrafttreten des Gesetzes: Die Banken berichteten davon, daß pro Institut zwischen 300 und 500 Anfragen pro Tag kämen. Allein bei der Sparkassengruppe wären das zwischen 150 000 und 250 000 Anfragen pro Tag, und dies soll erst der Anfang sein: Wenn ab dem Jahr 2006 die technischen Möglichkeiten geschaffen sind, dann sollen statt heute maximal 2000 Anfragen pro Institut bis zu 20 000 solcher Kontrollen möglich sein. Experten gingen davon aus, daß der hohe Kostenaufwand für die Kontrollen letztlich vom Bankkunden zu tragen sein werde.[44]

Dabei ist das Argument der »Steuerehrlichkeit« doch sehr zweifelhaft. Statt einer aufwendigen Kontrolle wäre es viel sinnvoller, endlich ein einfaches, gerechtes Steuersystem zu schaffen. Siebzig Prozent der Steuerliteratur sind in deutscher Sprache verfaßt. Die Regelungen samt Ausnahmevorschriften sind so kompliziert, daß nicht einmal Experten mehr durchblicken. Selbst bei gutem Willen ist es da kaum noch möglich, allen Vorschriften ganz zu entsprechen. Hier müßte erst einmal angesetzt werden, bevor die Bevölkerung als Ganze kriminalisiert wird.

Da der finanzielle Bereich für die Existenz in unserem System sehr wichtig ist, ist eine Kontrolle desselben sehr bedenklich. In Zukunft muß jeder damit rechnen, über seine Einnahmen und Ausgaben sehr deutlich kontrolliert zu werden. Wenn erst einmal bekannt ist, wer wo (selbst im Ausland) welche Beträge auf welchen Konten hat, dann ist es nur noch ein kleiner Schritt zu einem Staat, der Kritiker über das Sperren der Konten finanziell ruiniert und ihnen damit die Lebensgrundlage raubt. Das ist genau das, wovon alle Diktatoren der Vergangenheit träumten.

Kriminalisierung des Bargeldes

Wenn dann noch die Bargeldbenutzung kriminalisiert wird nach dem Motto: »Wer anonymes Bargeld nutzt, hat etwas zu verbergen und ist damit automatisch ein potentieller Verbrecher«, dann ist dies mehr als bedenklich. Schon heute akzeptieren beispielsweise viele Autovermieter nur noch Kartengeld, kein Cash mehr. Auf Rückfragen heißt es dann, daß, wer keine Kreditkarte nutze, von vornherein nicht »geschäftswürdig« sei. Zu denken gibt auch, daß viele Leute heute schon freiwillig auf alles freie Bargeld verzichten und Käufe nur per Karte erledigen. Da heißt es dann immer, daß Kartengeld »bequem« und »praktisch« sei. Vergessen werden dabei die langen Schlangen an den Ladenkassen, wegen unkritischer Zeitgenossen, die den Betrieb durch das umständliche Kartengeld aufhalten, statt kurz und bequem einen Geldschein hinzulegen. Wer Kartengeld nutzt, gibt anonymen Mächten im Hintergrund ganz freiwillig einen umfassenden Einblick in das eigene Leben. Es wird genau registriert, wer wann wo zu welchem Preis welche Waren gekauft hat. Das läßt umfassende Schlußfolgerungen auf das Leben des einzelnen zu. Solchen Leuten geschieht es beinahe Recht, wenn sie eines Tages ohne Genehmigung des »Großen Bruders« überhaupt nichts mehr kaufen dürfen und können. Sie selbst haben durch ihre Naivität und Leichtgläubigkeit es erst ermöglicht, einen umfassenden Überwachungsapparat aufzubauen.

Doch die Tendenz zum Überwachungsstaat geht noch weiter und bedroht damit sogar das Leben Unschuldiger.

Luftsicherheitsgesetz – es wird scharf geschossen

Ende 2004 wurde ein Luftsicherheitsgesetz verabschiedet. Dadurch soll es möglich werden, entführte Flugzeuge abschießen zu lassen, um beispielsweise einen Terroranschlag wie am 11.9.2001 in New York zu verhindern. Was sich auf den ersten Blick wieder einleuchtend anhört, ist jedoch bei näherer Betrachtung fragwürdig. So wies beispielsweise Hans Rudolf Wöhrl, der Inhaber der Fluggesellschaft DBA, darauf hin, daß die Wahrscheinlichkeit, ein Flugzeug mit technischen Problemen irrtümlich abzuschießen, viel höher sei als ein wirklich gefährliches. Ein Funkausfall sei beispielsweise nicht selten. Wenn sich dann das Flugzeug noch zufällig in der Nähe eines Atomkraftwerkes aufhalte, werde es möglicherweise als gefährlich eingestuft. Die Risiken, die man mit einem Abschußbefehl eingehe, seien größer als die Terrorgefahr. Er wies darauf hin, daß die Fokussierung auf den Flugverkehr gar nicht angemessen sei, da auch die Bahn nicht sicher vor Terrorismus sei. Das Risiko, daß das Trinkwasser vergiftet werde, sei wesentlich höher.[45]

Neben mehreren Politikern meldete auch Bundespräsident Horst Köhler Bedenken gegen das Gesetz an, während von anderen Politikern sogar eine Änderung des Grundgesetzes verlangt wurde.[46] Zwei Politiker, der Bundestagsvizepräsident Hirsch und Innenminister a. D. Baum, legten zusammen mit etlichen Piloten Verfassungsbeschwerde beim Bundesverfassungsgericht ein. Es wird argumentiert, daß das neue Gesetz in krasser Weise gegen die Menschenwürde und das Recht auf Leben verstoße und für den Einsatz viel zu unbestimmt sei. Es würden keine Maßstäbe dargelegt, nach denen ein Abschuß zulässig sei. Dabei sei es das erste Mal in der Rechtsgeschichte der Neuzeit, daß der Staat neben den Tätern auch die Opfer töten wolle. Mehrmals pro Woche würden heute schon die Fliegerhorste alarmiert und Abfangjäger irrtümlich bei Zivilflugzeugen eingesetzt. Niemand könne sagen, ob ein Abschuß gerechtfertigt sei, es könne auch sein, daß die Täter nur finanzielle Forderungen stellten.[47]

Letztendlich stellt dieses fragwürdige Gesetz nur wieder einen Meilenstein hin zum grundgesetzlich verbotenen Einsatz der Bundeswehr im Inland dar.

Doch gehen die Angriffe des Systems noch weiter: Neben dem Ausspielen von Unternehmer und Arbeitnehmer oder Jung und Alt, verbunden mit der Einschränkung der Freiheit, wird vor allem das private Familienleben gefährdet.

»In den letzten Jahren haben sich in der Auseinandersetzung mit der Frauenfrage neue Tendenzen abgezeichnet. Eine erste Tendenz unterstreicht stark den Zustand der Unterordnung der Frau, um eine Haltung des Protestes hervorzurufen. So macht sich die Frau, um wirklich Frau zu sein, zum Gegner des Mannes. Auf die Missbräuche der Macht antwortet sie mit einer Strategie des Strebens nach Macht. Dieser Prozeß führt zu einer Rivalität der Geschlechter, bei der die Identität und die Rolle des einen zum Nachteil des anderen gereichen. Die Folge davon ist eine Verwirrung in der Anthropologie, die Schaden bringt und ihre unmittelbarste und unheilvollste Auswirkung in der Struktur der Familie hat.«

Schreiben an die Bischöfe
der katholischen Kirche,
unterzeichnet von Papst Johannes Paul II,
31.5.2004

FRAU GEGEN MANN – DER INSZENIERTE GESCHLECHTERKAMPF

Wenn jemand Macht auf eine große Bevölkerungsgruppe ausüben möchte, dann muß er vor allem dort einen Keil hineintreiben, wo die Leute den meisten Rückhalt finden.

Die folgenreichste Zerteilung zwischen zwei Gruppen zeigt sich heute wohl im Geschlechterkampf Frau gegen Mann. Da die Familie die Urzelle eines jeden Staates ist, wirken sich alle Disharmonien darin automatisch auf die ganze Gesellschaft aus. Das heißt, ein Staat, eine Gemeinschaft kann nicht stabil sein, wenn die Keimzelle darin in Unordnung geraten ist. Sofort wirkt sich so etwas auf alle anderen Bereiche aus.

Doch genau in diesem zentralen Bereich kam es in den letzten Jahrzehnten zu fundamentalen Störungen. War es beispielsweise früher selten, daß sich verheiratete Paare scheiden ließen, ist dies heute eher die Regel als die Ausnahme *(Abb. 3, s. folg. Seite)*.

Seit in den siebziger Jahren das Scheidungsrecht vom Schuld- auf das Zerrüttungsprinzip umgestellt wurde, hat sich beispielsweise die Zahl der Ehescheidungen verdoppelt. Vom Heiratsjahrgang 1977 waren bereits nach 24 Jahren über 31 Prozent der Ehen geschieden. Die meisten Trennungen wurden dabei von Frauen eingereicht. In der Hälfte der Fälle waren Kinder betroffen.[48]

Wie dramatisch die Situation ist, wird auch daran deutlich, daß allein im Jahr 2003 auf 383 000 neue Ehen bereits 214 000 Scheidungen kamen.[49]

Was in der Scheidungsstatistik gar nicht berücksichtigt wird, ist die noch viel größere Zahl von Partnern, die sich zwar nicht direkt

Abb. 3: Drastisch ansteigende Scheidungsquote

trennen, jedoch bereits im Zusammenleben so zerstritten sind, daß man ebenfalls von einer statistisch nicht erfaßten »Trennung« sprechen kann. Nicht zu vergessen sind auch die Lebensgemeinschaften, die unverheiratet zusammenleben und sich fern von jeder statistischen Erfassung trennen. In der Summe kann man davon ausgehen, daß die funktionierende Partnerschaft heute eher eine seltene Ausnahmeerscheinung als die Regel geworden ist.

Wie oben bereits angedeutet, stellt dies jedoch nicht nur ein leidvolles individuelles Unglück dar, sondern wirkt sich auch auf die ganze Gesellschaftsstruktur fatal aus. Man denke nur an die große Zahl an Kindern, die bei alleinerziehenden Elternteilen aufwachsen und denen der andersgeschlechtliche Erziehungsteil in der Entwicklung völlig fehlt. Daß sich da später Verhaltensstörungen entwikkeln, ist eine logische Folge.

Historisches Zusammenleben

Um zu klären, wo der Fehler liegt, ist es ganz hilfreich, sich die geschichtlichen Dimensionen und das damalige Rollenverständnis anzusehen. Dabei bestehen annähernd 98 Prozent der Menschheitsgeschichte nur aus der Altsteinzeit (500 000 bis 8 000 Jahre v. Chr.). Diese enorm lange Periode war davon gekennzeichnet, daß es kaum neue Entwicklungen gab. Die Erfindung des Feuers war wohl für Hunderttausende von Jahren eine der wenigen Errungenschaften dieser

Periode. Ansonsten lebten die Menschen als nomadische Jäger und Sammler. Danach folgte die Mittel- und Jungsteinzeit (8000 – 1800 v. Chr.), deren Neuerung in der Seßhaftwerdung und dem Ackerbau bestand. Erst nach der langen Steinzeit wurden langsam Metalle verwendet, wobei sich die ursprüngliche grundlegende Lebensweise der allermeisten Menschen von jener der Jungsteinzeit kaum unterschied. Die »moderne Zeit« ist demgegenüber nur wenige Jahrhunderte alt und begann für die meisten Menschen erst nach der Industriellen Revolution Mitte des 18. Jahrhunderts. Selbst in unserer Zeit lebten die meisten Menschen bis ins 20. Jahrhundert hinein unter relativ einfachen Umständen in der Landwirtschaft. So kann man sagen, daß sich die Lebensbedingungen der Menschen erst seit einigen Jahrzehnten grundlegend gewandelt haben.

Weil jedoch diese steinzeitliche Lebensweise so (aus Sicht eines Menschen gesehen) unendlich war, sind diese Bedingungen auch heute noch genetisch und instinktiv in jedem Menschen enthalten. Das bedeutet, daß auch der heutige sogenannte »moderne Mensch« von seiner ursprünglichen Prägung immer noch instinktiv wie ein Steinzeitmensch fühlt und denkt, was auch viele Untersuchungen der Verhaltensforschung beweisen. Da der bewußte, rationale Verstand des Menschen nur etwa fünf Prozent ausmacht, kann man mit Recht davon ausgehen, daß wir alle heute noch »Steinzeitmenschen« sind.

Um zu verstehen, worin der Konflikt zwischen Mann und Frau besteht, sollte man sich vergegenwärtigen, wie das Leben in der Steinzeit organisiert war, auf das der Mensch heute noch programmiert ist.

Die ursprüngliche natürliche Rollenverteilung

Die Lebensumstände der Steinzeit waren extrem hart. Damit die Menschen überhaupt überleben konnten, mußten sie sich äußerst effektiv organisieren. Jede Ineffizienz konnte die Auslöschung des eigenen Stammes bedeuten. Wenn die Organisationsform der Menschen damals nicht sehr erfolgreich gewesen wäre, dann würde es die Menschheit heute gar nicht mehr geben. Ein zentraler Punkt der Effizienz war die Rollenverteilung der Geschlechter. Die ursprüngliche Rollenverteilung orientierte sich dabei zwangsläufig an den biologischen Gegebenheiten. Frauen sind körperlich weniger leistungsfähig und schwächer als der Mann. Da sie zudem die Kinder bekamen und in der Aufzucht der Kleinen auch begabter waren als die Männer, erhielten sie von selbst die Aufgabe, sich um das Wohl der Gemeinschaft zu kümmern, oder kurz: sich um das Steinzeitdorf im Innern zu sorgen. Aus dem gleichen Grund erhielten die Männer die Aufgaben, die ihrer biologischen Prägung am besten entsprach: Jagd und Verteidigung des eigenen Stammes – oder kurz: alles, was es außerhalb des Steinzeitdorfs zu erledigen gab. Da Männer besser strategisch und zukunftsorientiert planen können, während Frauen mehr soziale Netzwerke knüpfen und am Bestehenden festhalten, übernahmen Männer die Planungen außerhalb der Gemeinschaft, während Frauen sich um die sozialen Dinge innerhalb der Gemeinschaft kümmerten. Das alles hatte nichts mit »Unterdrükkung« eines Geschlechtes oder damit zu tun, daß einer minderwertiger als der andere angesehen worden wäre. Es entsprach einfach der unter den widrigen Umständen bestmöglichen Organisationsform. Keiner war auf den anderen neidisch oder hegte einen Hass gegen das andere Geschlecht. Auch wäre nie eine Steinzeitfrau auf den Gedanken gekommen, plötzlich die viel gefährlichere und oft tödliche Arbeit der Männer zu übernehmen und eine »Karriere« als Jägerin zu starten. Weil diese Rollenverteilung so effizient war und auch heute noch in vielen Ländern ist, hat sie viele Jahrhunderttausende so fortbestanden. Jede abrupte Änderung in dieser Rollenverteilung muß, da der Mensch von der Psyche her darauf ausgerichtet ist, zu Problemen führen.

Durch diese Rollenverteilung hat sich auch über die Jahrhunderttausende die Denkweise der Geschlechter den Aufgaben angepaßt. Die Denkweise, von Mann und Frau unterscheiden sich dabei grundlegend. Wie sich mit der Computertomographie eindeutig nachweisen ließ, nutzen die unterschiedlichen Geschlechter völlig verschiedene Hirnbereiche bei ihren Aktionen. Die Resultate sind, daß Männer zu logisch-rationalem Denken neigen und Frauen von der Hirnstruktur eher emotional denken. Frauen brauchten bei ihrer Tätigkeit der Nahrungssuche und der Kinderbetreuung auch beispielsweise kein räumliches Vorstellungsvermögen, weswegen dieses heute bei den Frauen wesentlich schwächer ausgeprägt ist im Gegensatz zum Mann, der darauf als Jäger angewiesen war. Demgegenüber haben Frauen wieder bessere sprachliche Fähigkeiten, was beim

Zusammenhalt der Frauengruppe nötig war, jedoch beim Mann als stillem Jäger nicht benötigt wurde. Aus diesen Gegensätzen folgen völlig unterschiedliche Begabungen und Aufgabenschwerpunkte für das Leben. So sind beispielsweise wegen des eingeschränkten räumlichen Sehens kaum gute weibliche Piloten denkbar. Auch alle Gleichstellungsversuche können diese angeborenen, genetischen Unterschiede nicht aufheben, sondern führen nur zu Problemen.

Daß die alten Steinzeit-Denkmuster intakt sind und wirken, wird nicht zuletzt daran deutlich, daß sich Frauen instinktiv immer noch einen Mann suchen, der späteren Kindern eine gute Entwicklungsmöglichkeit bietet, der also eine sichere materielle Perspektive bieten kann.

Frauen waren auch keineswegs in der Geschichte »unterdrückt«, sondern hatten seit jeher die privilegierte Position. So mußten sie nicht in den Krieg ziehen, konnten als erste vom sinkenden Schiff oder mußten auch keine schwere Männerarbeit verrichten, um nur einige Beispiele zu nennen. Die alte Rollenverteilung ist dabei keineswegs Vergangenheit, sondern entsteht sofort wieder, wenn die Lebensumstände sich verschlechtern.

Die »einsame Insel« als Gedankenbeispiel

Angenommen, zehn Männer und zehn Frauen würden auf eine einsame Insel ohne Hilfsmittel verschlagen. Dann würde sich innerhalb kurzer Zeit genau die Rollenverteilung herausbilden, die wir seit der Steinzeit hatten. Das hat nichts mit »Unterdrückung« oder »Emanzipation« zu tun, sondern einfach damit, daß Männer und Frauen unterschiedliche Fähigkeiten haben und diese im Überlebenskampf optimal eingesetzt und die Aufgaben entsprechend verteilt werden müssen.

Das heißt aber auch: Unsere heutige emanzipierte und durch den Feminismus veränderte Welt ist eine reine »Schönwetter-Welt«, die überhaupt nur so lange existieren kann, solange die Verhältnisse einigermaßen stabil bleiben. In der Menschheitsgeschichte ist dies jedoch eine absolute Ausnahmeerscheinung, und angesichts der wirtschaftlichen und politischen Instabilitäten unseres Systems wird sich dies auch sehr bald wieder ändern. Der Feminismus hat also zu einer künstlichen, der natürlichen Entwicklung entgegengesetzten

Rollenverteilung geführt. Wie wir weiter sehen werden, geht und ging es dabei auch weniger um eine gerechtere oder zweckmäßigere Aufgabenverteilung, sondern mehr um die Durchsetzung einer Ideologie.

»Die Idee von der Unterdrückten war, wie mehrfach gesagt, eine Männeridee. Sie stammt nicht von Beauvoir, Friedan, Millet und Greer – wie sollten Frauen auch auf die Idee kommen, sie seien unterdrückt? –, sondern von Marx, Engels, Bebel und Freud.«

Esther Vilar,
Das polygame Geschlecht

Mit dem Feminismus zur Männerunterdrückung

Eine Änderung der alten Ordnung kam erst auf, als die Idee des Feminismus auftauchte. Die ersten feministischen Rufe kamen bereits zur Französischen Revolution und Mitte des 19. Jahrhunderts zeitgleich mit dem Kommunismus auf. Die Grund-Parole lautete in beiden Fällen: »Alle Menschen sind gleich«. Daraus schloß man, daß auch Frauen grundsätzlich mit Männern »gleich« seien, das heißt auch in Männerarbeit einbezogen werden sollten.

Wie die alte Ordnung, nicht zuletzt über die Medien, bereits vor hundert Jahren angegriffen wurde, zeigt eine Analyse von Prof. Ruhland aus dieser Zeit: »Ein englischer Kritiker hat kürzlich eine Statistik aufgestellt, aus der sich ergibt, daß aus achtzig englischen Romanen siebzehn die Ehe als eine überlebte Institution lächerlich machen, elf von der Nützlichkeit der Ehescheidung handeln, zweiundzwanzig die freie Liebe verteidigen, sieben sich über die eheliche Treue lustig machen und dreiundzwanzig sogar von der Ehe in geradezu skandalöser Weise sprechen. Was aber das Sonderbarste ist, alle diese Romane sind von – Frauen geschrieben worden.«[50]

Richtig aggressiv wurde die alte Ordnung dann vor allem in Deutschland in den Sechziger Jahren des letzten Jahrhunderts angegriffen. Der Losungsspruch der Feministen lautete: »Wenn es den Männern schlecht geht, dann geht es uns gut!« Damit war diese Bewegung von vornherein gar nicht auf eine Gleichberechtigung der Geschlechter aus, sondern auf eine Unterdrückung des Mannes. Daraufhin wurden dann immer mehr Privilegien für Frauen zulasten der Männer geschaffen. Wichtig ist zu beachten, daß diese ganzen Forderungen und Änderungen gar nicht von der Masse der Frauen getragen wurde, sondern von einer Minderheit durchgesetzt wurde. Auch sind nicht die Frauen an sich plötzlich auf die Idee gekommen, daß die Männer ihre »Feinde« wären und sie »unterdrücken« – sondern dies wurde durch eine ausgefeilte Propaganda so behauptet und bis in unsere Zeit übernommen. Wenn bestimmte Dinge erst einmal genügend oft wiederholt wurden, werden sie von der Masse so geglaubt, unabhängig von der Richtigkeit der Kampagne.[51]

»Durch die Frauenbewegung ist niemand zufriedener, selbstbewußter, stärker oder friedlicher geworden. Es ist eher ein Klima von Frustration und Feindseligkeit entstanden. (...) Es gibt wohl keine Menschengruppe auf der ganzen Welt, der es besser geht als europäischen oder amerikanischen Mittelschicht-Frauen. Sie haben vergleichsweise alles: Wohlstand, Sicherheit, Demokratie/Selbstbestimmung, Bildungschancen und so weiter. Daß ausgerechnet diese Menschengruppe am lautesten ihre Benachteiligung bejammert und unentwegt nur Forderungen stellt, ist irgendwie bezeichnend. Das heißt, die feministische Haltung gleicht der eines verwöhnten und egoistischen Kindes, das immer noch mehr will und nur an sich selbst denkt.«

Beate Kricheldorf,
»Verantwortung nein Danke! – Weibliche Opferhaltung als Strategie und Taktik«

Gleichstellung kontra Gleichberechtigung

Eine echte Gleichberechtigung war durchaus wünschenswert, nur sollte sich diese ausschließlich auf die Gesetzgebung beschränken. Genau das war über lange Zeit der Leitgedanke, und so wurde es von den meisten Menschen auch verstanden. Mittlerweile wurde aus dem Ziel »Gleichberechtigung« das Ziel »Gleichstellung«. Hätte man sich mit dem Erreichen des Ziels »Gleichberechtigung« begnügt, wäre der Feminismus überflüssig geworden, da dieses Ziel in Westeuropa erreicht wurde. Da jedoch Frau und Mann von Natur aus ungleich sind und immer sein werden, öffnete der praktisch nicht erreichbare Gleichstellungsgedanke ein unüberschaubares Feld für feministische Agitation und staatliche Steuerungseingriffe. Daher kommt die Tendenz, immer neue Forderungen und Diskriminierungen des anderen Geschlechtes abzuleiten, die angeblich zu einer »Gleichstellung« führen würden. Da dies jedoch aus den natürlichen Gegebenheiten nie der Fall sein kann, wird selbst das Private heute politisiert und so auch von feministischer Seite propagiert. Um staatliche Eingriffe in die Privatsphäre des Bürgers zu rechtfertigen, mußte der Handlungsbedarf nachgewiesen werden. Deshalb werden häusliche Gewalt von Männern und Kindsmissbrauch als allgegenwärtiges Problem dargestellt und im Ausmaß weit übertrieben, wobei gleichzeitig weibliche Aggression und Betrug (beispielsweise durch Unterschieben von »Kuckuckskindern«) verschwiegen wird.

Der Gleichstellungsgedanke, so wie er heute propagiert wird, hat totalitären Charakter. Auch sinkt dadurch die Sensibilität gegenüber staatlichen Kontrollen. Während eine Gleichberechtigung auf freiwilliger Basis erreicht werden kann, kann eine Gleichstellung nur von oben erzwungen werden. Der Trick des Systems liegt darin, daß alle Unterschiede zwischen Mann und Frau automatisch als Nachteil bzw. Diskriminierung der weiblichen Bevölkerung gedeutet und damit die Frauen gegen die Männer aufgebracht werden. Da aber eine Aufhebung der natürlichen Unterschiede nie erreicht werden kann, gibt es ständigen Handlungsbedarf für das System, und die Freiheit kann allein dadurch für alle immer weiter eingeschränkt werden.

Der Gleichstellungsgedanke geht mittlerweile schon so weit, daß von Feministinnen aus Gerechtigkeitsgründen gefordert wurde, die Toiletten für Männer so weit umzubauen, das auch Männer nicht mehr im Stehen, sondern nur noch wie die Frauen im Sitzen pinkeln könnten. Oder man fand als himmelschreiende Ungerechtigkeit heraus, daß der Weg zu Damentoiletten im Durchschnitt einige Meter weiter ist als der zur Herrentoilette.

Wie Anfang 2005 aus dem deutschen Familienministerium bekannt wurde, soll nun auch verpflichtend für die Pharmaindustrie bei der Werbung eine geschlechtsneutrale Formulierung vorgeschrieben werden. Es darf dann nicht mehr heißen: »Zu Risiken und Nebenwirkungen lesen Sie die Packungsbeilage, holen Sie ärztlichen Rat ein und fragen Sie Ihren Apotheker« sondern es wird vorgeschrieben: »Zu Risiken und Nebenwirkungen lesen Sie die Packungsbeilage, holen Sie ärztlichen Rat ein und fragen Sie Ihre Apothekerin oder Ihren Apotheker«.[52]

Diese Beispiele zeigen, wie die Gleichstellung in jedem Bereich – und seien es nur harmlose Formulierungen – mit Gewalt durchgesetzt werden sollen.

Doch so lustig sich solche Geschichten anhören: Die Männer wurden in diesem Prozeß regelrecht von verschiedensten Seiten zunehmend in die Zange genommen. An erster Stelle standen da die juristischen Änderungen, die den Mann zum Sündenbock stempelten.

> *»Warum muß sich in Deutschland eigentlich der Staat, der doch zur Zeit an allen Ecken und Enden reduziert werden soll, immer in alles einmischen und nun auch noch zwischen Mann und Frau stellen und den Mann in Wahrheit nun gesetzlich unter Generalverdacht nehmen?«*
>
> *TAZ, 21.3.2005*

Der Mann ist immer schuld – auch wenn er unschuldig ist

So wurde beispielsweise in Deutschland das Eherecht geändert. Früher wurde bei der Scheidung überprüft, wer die Schuld am Scheitern der Partnerschaft hatte, und dieser dann entsprechend mit den Kosten der Trennung belastet. Dieses Vorgehen ist auch vom reinen Rechtsempfinden her nur legitim. Warum soll jemand für die Folgen für etwas aufkommen, wo ihn gar keine Schuld trifft?

Doch wurde in den siebziger Jahren alles umgedreht: Im »Zerrüttungsprinzip« wird überhaupt nicht mehr untersucht, wer das Scheitern der Ehe zu verantworten hat, sondern der Mann ist von vornherein »schuld« (da er in den allermeisten Fällen der Hauptverdiener in der Familie ist) und muß seiner Ex-Frau oftmals lebenslang »Unterhalt« zahlen. Die Kinder werden automatisch der Frau zugeschrieben, selbst wenn diese dort schlechter leben als beim Vater. Durch die Kinder wiederum hat die Frau nochmals höhere finanzielle Forderungen gegen ihren Ex-Mann. In vielen Fällen führen diese Forderungen dazu, daß dem Mann nur noch das Existenzminimum bleibt, selbst wenn seine Frau durch Ehebruch die Partnerschaft zerstört hat.

Daß das Problem der ausufernden Ehescheidungen unter Umständen doch zum guten Teil von der weiblichen Seite und der ungleichen Justiz verursacht wurde, zeigt folgendes Indiz: Die Scheidungsrate in Ehen zwischen deutschen Männern und ausländischen Frauen ist nur etwa ein Drittel so hoch als die Scheidung bei deutsch -deutschen Ehen. Demgegenüber ist sie bei Ehen zwischen ausländischen Männern und deutschen Frauen etwa gleich hoch als bei den deutsch-deutschen Beziehungen. Das deutet darauf hin, daß die deutschen feminisierten Frauen an sich immer weniger ganz allgemein mit Männern zurechtkommen, während Männer mit Frauen an sich weniger Probleme haben.

Schlußfolgern läßt sich aus diesen Fakten, daß die drastisch gestiegene Scheidungsrate zum guten Teil weiblich begründet ist. Das verwundert auch wenig, wenn man bedenkt, daß eine Scheidung für die Frau unter den ungleichen deutschen Scheidungsregeln völlig risikolos ist. Im Gegenteil: Sie ist in den meisten Fällen noch mit einem finanziellen Gewinn verbunden.

Wenn bei einer Arbeitstätigkeit immer und grundsätzlich der Unternehmer verurteilt werden würde, wenn der Arbeitnehmer keine Lust mehr hat und kündigt, dann würde genauso die Kündigungsrate massiv nach oben gehen und immer mehr Unternehmer in den

Bankrott treiben. Was hier sofort als unsinniges Gesetz gesehen wird, wurde jedoch genau so im »Zerrüttungsprinzip« des deutschen Scheidungsrechts verabschiedet. Damit werden Frauen geradezu dazu animiert, sich scheiden zu lassen.

Ein Fall aus der Praxis: Herr B. ist gutverdienender Beamter. Nach der Geburt des dritten Kindes wird die Frau plötzlich sehr religiös und sieht in ihrem Mann den leibhaftigen »Teufel«. Sie läßt sich scheiden, und Herr B. wird zu hohen Unterhaltszahlungen verurteilt. Da Herr B. als Beamter jedes Jahr geringfügig mehr verdient, verklagt ihn seine Ex-Frau jährlich auf eine neue Feststellung der Unterhaltszahlungen. Allein die Gerichtskosten summieren sich dabei über die Jahre auf 25 000 Euro. Insgesamt muß Herr B. 200 000 Euro Unterhalt an seine Ex-Frau abtreten, und daß, obwohl er unschuldig am Scheitern der Ehe war!

Noch einmal ein Fall aus der Praxis: Ein Universitätsprofessor mit 4000 Euro Nettoverdienst pro Monat hat eine Familie mit Frau und zwei Kindern. Die Frau kommt eines Tages auf die Idee, sich »selbst verwirklichen« zu müssen, nimmt sich einen Liebhaber und läßt sich scheiden. Ergebnis: Der Professor muß nach der Scheidung 3200 Euro als Unterhalt im Monat zahlen, ihm bleiben nur noch 800 Euro zum Leben – und daß, obwohl er völlig unschuldig am Scheitern der Ehe war!

Bei solch üppigen Zahlungen, ist es kein Wunder, daß immer mehr Frauen die Scheidung einreichen. Solche ungerechten Regelungen fordern geradezu zum Missbrauch auf. Laut einer (unbestätigten) Umfrage sollen Anfang der Neunziger Jahre siebzig Prozent der befragten deutschen Frauen erklärt haben, daß ihr Lebensziel die Heirat mit einem reichen Mann und eine folgende Scheidung bzw. der Tod des Mannes sei. Hinterher könnten sie dann ohne zu arbeiten auf Kosten des Ex-Mannes oder als reiche Witwe das Leben genießen und glücklich werden. Die gleiche Umfrage in Osteuropa ergab als Lebensziel: Die Frauen möchten in der Mehrzahl einen netten Mann heiraten und mit ihm zusammen glücklich werden. Wenn vielleicht auch die Zahlen der Befragung zu hoch sind, so zeigt sich doch in der Tendenz, was hier ungerechte, einseitige gesetzliche Regelungen in einer Gesellschaft angerichtet haben.

»Der Neue Vater, das wird zu zeigen sein, ist ein Wurm. Ein Jammerlappen. Als Körper gerade noch anwesend, ist er als Person blaß, schwächlich, beinahe inexistent. Er verfügt weder über Autorität noch Profil, scheut Auseinandersetzungen, ist harmoniesüchtig und nachgiebig bis zur Charakterlosigkeit. Noch schlimmer als er ist nur, was er anrichtet. Die härteste Kritik am Neuen Vater kommt von den Kinderpsychologen, die auf den fatalen Zusammenhang zwischen den Problemen ihrer Klienten und ebendiesem neuen Vatertypus hinweisen.«

Die Zeit, 13.5.2004

Die Kinder werden instrumentalisiert

Generell wird kein vernünftiger Mensch bestreiten, daß ein Mann für seine von ihm gezeugten Kinder finanziell aufzukommen hat. Doch wenn solche Regeln dazu missbraucht werden, Männer regelrecht auszunehmen und sie mit hohen Unterhaltslasten zu ruinieren, sind schon Zweifel an den in Deutschland geltenden Gesetzen angesagt.

Ganz fatal ist es, wenn die Kinder heute grundsätzlich der Frau zugeschrieben werden. Der Mann hat überhaupt nur dann die Möglichkeit, das Sorgerecht für die Kinder zu bekommen, wenn die Mutter ausdrücklich zustimmt. Was für das Kind am besten ist, ist heute völlig ohne Belang. Damit werden die Kinder instrumentalisiert. Sogar das Besuchsrecht kann die Frau dem Mann absprechen – sie läßt ihn einfach vor verschlossener Türe stehen. Selbst wenn er das Recht vom Gericht zugestanden erhalten hat: Wenn die Frau ihm die Kinder nicht gibt, wird dies in der Regel nicht bestraft. Noch fragwürdiger wird es, wenn die Frau bei der Scheidung behauptet, der Mann hätte die Kinder »missbraucht«. Da das Gericht nicht prüfen kann, ob dies stimmt oder nicht, wird dem Mann vorsorglich dauerhaft das Besuchsrecht verweigert. Er ist dann zum bloßen Unterhaltszahler verdammt, ohne jedes Recht.

Ein Fall aus der Praxis: Herr E. ist erfolgreicher Unternehmer. Nach einer kurzen Beziehung mit ihm wird Frau A. schwanger. Da Herr E. ein guter, ehrlicher Mensch ist, heiratet er sofort Frau A. Diese reicht wenige Wochen nach Geburt der Zwillinge die Scheidung ein mit der Begründung, Herr E. habe die Kinder missbraucht. Herr E. wird zu hohen Unterhaltsverpflichtungen verurteilt und darf seine Kinder nicht wieder sehen. Aufgrund der immensen Lasten gerät im weiteren Verlauf auch sein Unternehmen in finanzielle Schwierigkeiten.

> *»In etwa vierzig Prozent der Sorgerechtsstreitigkeiten wird von den Müttern der Vorwurf des sexuellen Kindesmissbrauchs erhoben, um Väter aus dem Leben des Kindes auszulöschen. Fast 95 Prozent der Vorwürfe erweisen sich nach eingehender Überprüfung als haltlos und frei erfunden.«*
>
> *Karin Jäckel,*
> *»Der gebrauchte Mann.*
> *Abgeliebt und abgezockt –*
> *Väter nach der Trennung«*

Verbotene Vaterschaftstests

Noch fataler wird es für Männer, wenn nun auch noch anonyme Vaterschaftstests verboten werden. Anfang des Jahres 2005 kündigte die Deutsche Justizministerin Zypries an, daß Vaterschaftstests ohne Wissen der Frau verboten werden sollten. Es wird geschätzt, daß etwa zehn Prozent aller Kinder nicht vom gesetzlichen Vater stammen, die Frau also »fremdgegangen« ist. Nach der Rechtslage ist jedoch der Ehemann für jedes Kind verantwortlich, das in der Ehe geboren wird – unabhängig von der biologischen Vaterschaft.[53]

70 000 Kinder, so wird geschätzt, werden jedes Jahr geboren, bei denen der rechtliche nicht der biologische Vater ist.[54]

Manche Fachleute gehen sogar von bis zu dreißig Prozent Kuckuckskindern aus. In jedem Fall geht die Zahl der Betroffenen in Deutschland in die Millionen.

Wenn die Frau einem Test nicht zustimmt, dann soll der Mann in Zukunft nur noch die Möglichkeit haben, einen solchen gerichtlich zu erzwingen. Dafür muß er jedoch konkrete Beweise für das Fremdgehen seiner Frau vorlegen – welche selten zu erbringen sind. Entweder muß der bezeichnete Vater zum Zeitpunkt der Zeugung – also mindestens drei Monate – nachweislich außer Landes gewesen sein, oder es muß ein »von Zeugen bestätigtes außereheliches Intimverhältnis« vorliegen. Da für den Mann durch Kuckuckskinder hohe Kosten entstehen, ist es vom Rechtsempfinden her nur legitim, daß dieser auch wirklich sicher gehen möchte, daß die Kinder auch von ihm sind.

Wenn jedoch Vaterschaftstests verboten werden, dann kann der Mann nicht einmal mehr überprüfen, ob er zu den hohen Zahlungen und Verpflichtungen für ein Kind überhaupt verpflichtet ist. Der Bundesgerichtshof urteilte Anfang 2005 sogar, daß heimliche Vaterschaftstests nicht als Beweis vor Gericht verwendet werden dürften, da diese gegen das informationelle Selbstbestimmungsrecht der Kinder verstießen und damit rechtswidrig seien. Zwei Väter hatten dabei ihre Vaterschaft angefochten, nachdem sie durch entsprechende Analysen herausgefunden hatten, daß sie gar nicht die Väter der Kinder waren.[55]

Das heißt, es wird der Mann immer für schuldig gesprochen, selbst wenn er seine Unschuld beweisen kann. Es soll nur immer auf die Intimsphäre der Frau und der Kinder geachtet werden, die massiven finanziellen Folgen eines Kuckuckskindes für den Mann interessieren jedoch wenig. Während der Betrug der Frau, durch Unterschieben von Kuckuckskindern, legalisiert wird, wird das Recht des Mannes auf genaue Auskunft über die Herkunft des ihm zur Last gelegten Kindes kriminalisiert.

Die Doppelmoral bei den Gentests zeigt sich vor allem darin, daß schon von Feministinnen gefordert wurde, alle Männer genetisch zu erfassen, da alle Männer »potentielle Vergewaltiger« und

»Kinderschänder« seien. Beim Kinder-Betrug von Frauen jedoch soll das »Selbstbestimmungsrecht der Frau« gelten, weswegen kein Test bei einem Betrugsverdacht gemacht werden darf. In Umfragen wurde deutlich, daß achtzig Prozent der Frauen es gut fänden, wenn Vaterschaftstests verboten würden, während neunzig Prozent der Männer strikt dafür waren. Kaum ein Bereich, wo die Meinungen der Geschlechter so auseinander gehen.

Doch auch wenn ein Mann eine Frau gar nicht kennt, kann er zu Unterhalt verurteilt werden. So wurde im Fernsehen in einer Gerichtssendung ein Mann verurteilt, der in einem Labor eine Spermaprobe zur Untersuchung ablieferte. Die dortige Arzthelferin befruchtete sich mit dem Sperma des Mannes und verklagte ihn auf Unterhalt für das so gezeugte Kind. Ergebnis: Er muß Unterhalt zahlen, da das Kind (einer Frau, die er noch nie gesehen hat) von ihm ist. Der Betrug und das Vergehen der Frau werden nicht beachtet.

Auch international stoßen die deutschen männerfeindlichen Regelungen nur auf Unverständnis: So wurde im Juli 2005 bei einem Treffen von internationalen Botschaftern in Berlin das deutsche Ehe- und Familienrecht diskutiert. Die Botschafter konnten dabei nicht verstehen, daß deutsche Kinder, die ehelich geboren sind, bei denen jedoch der biologische Vater ein anderer als der Ehegatte ist, rechtlich automatisch als Kinder des Ehemannes gelten. »Oh, my God!«, entfuhr es Fatoumata Sire Diakite, Botschafterin Malis, »sehr verwirrend!« Auch viele andere Diplomaten schüttelten verwundert den Kopf. Und das in Deutschland, das weltweit für seinen Ordnungssinn berühmt sei.[56]

Weitere gesetzliche Einschnitte für Männer gab es in Deutschland, als Gesetze verabschiedet wurden, die es einer Frau erlauben, durch eine Anzeige wegen männlicher Gewalt ihren Mann aus der gemeinsamen Wohnung zu treiben. Im umgekehrten Fall jedoch ist dies kaum möglich. Unabhängige Untersuchungen zeigen jedoch, daß Männer in Deutschland keineswegs gewalttätiger sind als Frauen, sondern sich Aggressionen ungefähr gleich auf beide Geschlechter verteilen. Wie fatal und familienschädigend solche Gesetze sind, zeigt folgendes Beispiel: Bei einem Streit zeigt die Frau ihren Mann aus Wut bei der Polizei an und bezichtigt ihn, »Gewalt« angewandt zu haben. Der Mann wird daraufhin aus der gemeinsamen Wohnung verwiesen. Nachdem sich beide wieder versöhnt haben und die Frau die Anzeige zurückziehen möchte, wird ihr dies verwehrt, da angenommen wird, der Mann habe sie unter Druck gesetzt. So wird wieder der eigentlich private Bereich vom System kriminalisiert.

Ebenso wird ein Mann, der auf die Schläge einer Frau zurückschlägt, verurteilt, während Gewalt von weiblicher Seite toleriert und wenn überhaupt oftmals nur milde bestraft wird. Keinesfalls soll Gewalt gegen Frauen verharmlost werden, jedoch sollten die oftmals veröffentlichten Zahlen – wie Kritiker anführen – skeptisch betrachtet werden.

Ein Fall aus der Praxis: Herr P. leiht seiner Freundin immer wieder viele tausend Euro Geld, das allerdings nie zurückgezahlt wird. Da die Geschäfte in seinem Unternehmen schlecht laufen, eröffnet er seiner Freundin B., daß er ihr kein Geld mehr leihen kann. In einem Wutanfall schleudert Frau B. ihm deshalb das Telefon an den Kopf mit der Folge einer schweren Platzwunde. Herr P. hält daraufhin ihre Arme fest, um weitere Verletzungen zu vermeiden, und verläßt die Wohnung um einen Arzt aufzusuchen. Am nächsten Tag trifft bei ihm eine Anzeige von Frau B. ein mit der Begründung, er habe gedroht, sie aus dem Fenster zu werfen. In der späteren Gerichtsverhandlung wird Herr P. nun zu einer dreijährigen Freiheitsstrafe auf Bewährung verurteilt, und das nur aufgrund einer Behauptung. Die Unterlagen über seine Verletzungen waren übrigens plötzlich nicht mehr auffindbar.

Ein anderer Fall: Herr T. hilft Frau K. im Garten. Es wurde ein Lohn dafür von zwanzig Euro vereinbart. Frau K. weigert sich später, den Lohn zu zahlen, und schlägt wie wild mit einem Schirm auf Herrn T. ein, bis dieser sich wehrt und Frau K. ohrfeigt. Vor Gericht wird er verurteilt, weil er Frau K. geschlagen hat. Zusätzlich wird er noch bei der Polizei in die Verbrecherkartei für gewalttätige Straftäter aufgenommen und dort registriert. Begründung des Richters: »Eine Frau schlägt man nicht«. Die vorausgegangene weibliche Gewalt wird ignoriert.

»Für Frauen ist es bequem, alles Übel dieser Welt den Männern in die Schuhe zu schieben und somit als die edleren Menschen zu gelten, die niemals irgendwie schuldig sind. Andererseits ist damit auch Selbstentmündigung verbunden: für nichts wesentliches selbst verantwortlich zu sein heißt, auch unbedeutend zu sein. (...) Unter Feministinnen dagegen zählen nur Menschen, die sich als Opfer fühlen. Wenn eine Frau sich nicht *als Opfer fühlt, ist das verdächtig. Dann muß wohl irgendetwas mit ihr nicht stimmen: dann ist sie womöglich genauso verdorben und verachtenswert wie Männer. (...) Real sind es (hier und heute) die Frauen, die alle Macht besitzen: die Männer benutzen und ausbeuten, um ein Leben nach ihren Vorstellungen zu führen. Und Männer fallen darauf herein, weil sie süchtig nach Frauen (Familie) sind. Dafür rackern sie sich ab bis zum Herzinfarkt und ernten nur Undankbarkeit: Frauen, die immer mehr wollen und sich gleichzeitig immer mehr verweigern.«*

Beate Kricheldorf,
Verantwortung nein Danke! – Weibliche Opferhaltung als Strategie und Taktik

Die Opferindustrie

Während rund zweihundert unabhängige Studien belegen, daß Frauen mindestens genauso häufig an Gewalttaten in einer Partnerschaft beteiligt sind als Männer, werden diese Untersuchungen nicht veröffentlicht. Dabei würden nach der Aussage von Kritikern beim Eingestehen der Wahrheit feministische Grundannahmen, wonach der Mann grundsätzlich der Täter und die Frau das Opfer, über den Haufen geworfen. Dies würde Konsequenzen für das Rechtssystem des Landes erfordern – Verschweigen der Tatsachen sei da für die Verantwortlichen die einfachere Lösung. Schon 1992 sollen eine klare Studie zu diesem Thema vom Bundesfrauenministerium zurückgehalten und die Dokumente nicht für eine Veröffentlichung freigegeben worden sein. Kritiker sprechen bereits von einer Art »Opferindustrie«, die nur auf Frauen ausgelegt sei. Um den ganzen Apparat aus Frauenhäusern, Therapeuten und Beratungsstellen am Laufen zu halten, bräuchte man immer neue Opfer. Sogenannte »Opfermacher« sorgten dabei für ständigen Nachschub, wenn nicht genügend »Opfer« zu finden seien.

Dabei spielten besondere Therapeuten, die vermeintlich vergessene sexuelle Mißbräuche ans Tageslicht holen sollen, sogenannte Traumatisten, eine besondere Rolle. Durch Hypnose und Suggestion solle es zum Erinnern kommen – ohne zu berücksichtigen, daß oftmals nur Imaginationen hervorgeholt werden. Es wäre kaum plausibel, daß in Millionen Fällen solch traumatische Erlebnisse wie einem Missbrauch einfach »vergessen« wurde und erst durch Hypnose wieder entdeckt würde. Amnesien seien in der Realität selten und wirkliche Traumata im Allgemeinen gerade nicht aus dem Gedächtnis zu tilgen. Die Methodik der Traumatisten sei daher schlicht unwissenschaftlich. Die Opferforscher seien jedoch deshalb nicht zu stoppen, weil es hierzulande attraktiv sei, als »Opfer« zu gelten, da man alle Verantwortung abstreiten könne und weitgehend unangreifbar in einen Kreis anderer Menschen eingebunden werde. Wesentlich schlechter bestellt sei es dagegen für Millionen von Trennungsvätern, denen von ihren Frauen der Umgang mit ihren Kindern verweigert werde und die häufig Selbstmord begingen. Dabei sei Deutschland schon mehrfach vom Europäischen Gerichtshof für Menschenrechte für diese männerfeindlichen Gesetze verurteilt worden, was jedoch an der Rechtspraxis nichts geändert habe. Das geltende Familienrecht habe Familien zertrümmert und Väter entrechtet. Das Scheidungsrecht ermutige geradezu Frauen dazu, einen Vernichtungskampf mit Blick auf den kurzfristigen Gewinn zu führen, ohne Rücksicht auf die katastrophalen Folgeschäden für die Kinder.[57]

Unmöglichkeit einer Familiengründung heute

Die Folgen dieser Ungleichbehandlung zeigen sich nicht zuletzt in der sinkenden Geburtenrate. Heute kann es sich kein Mann überhaupt noch leisten, an eine Familiengründung zu denken, ohne seine weitere Existenz in Frage zu stellen, da die Unterhaltslasten einseitig immer dem Mann untergeschoben werden. Seit 1964 hat sich in Deutschland die Zahl der Kindergeburten nahezu halbiert. Eine Frau bringt heute nur noch 1,29 Kinder zur Welt – 2,1 Kinder wären nötig, um die Bevölkerungszahl konstant zu halten.[58]

Im Gegensatz zu den Aussagen von Politikern, daß man nur die »Karrierechancen« von Frauen mit Kindern zu erhöhen bräuchte, um die Geburtenrate zu steigern, ergaben Untersuchungen, daß gerade in den Ländern, in denen die Frauenerwerbsquote besonders hoch ist, gleichzeitig die Geburtenrate extrem niedrig ist. Ebenso liegt es nicht am Angebot an Kindergärtenplätzen, was das Beispiel von Ostdeutschland mit sehr guter Kinderbetreuung und gleichzeitig stark schrumpfender Bevölkerung zeigt.[59]

Was gar nicht diskutiert wird, ist das Risiko für den Mann bei einer Familiengründung, und ob nicht vielleicht gerade diese männerfeindliche Gesetzgebung zu einem guten Teil daran schuld ist, daß es immer weniger Nachwuchs gibt. Ein Indiz dafür, daß dies zumindest eine Rolle spielt, zeigte eine Umfrage des Meinungsforschungsinstituts Forsa, nach der einer der Hauptgründe des mangelnden Nachwuchswillens nach Angaben von 44 Prozent der Befragten darin bestand, keinen geeigneten Partner zu finden.[60] Belegt wird dies auch durch die Tatsache, daß immer mehr Männer gar keine Kinder wollen. In der Gruppe der 20- bis 39-jährigen wünschen sich einer Studie zufolge 14,6 Prozent der Frauen und 26,3 Prozent der Männer keine Kinder. Zum Vergleich: Zu Beginn der Neunziger Jahre hatten bei den Frauen nur 9,9 Prozent und bei den Männern nur 11,8 Prozent geäußert, kinderlos bleiben zu wollen.[61]

Eine Gleichberechtigung für den Mann wäre jedenfalls die Grundlage dafür, eine Familiengründung überhaupt wieder möglich zu machen.

Berufliche Privilegierung der Frau

Dazu kommt noch der Trend der beruflichen Privilegierung von Frauen. Kein Großunternehmen und keine öffentliche Stelle kann es sich heute mehr erlauben, Stellen überwiegend mit Männern zu besetzen. Immer mehr setzen sich sogenannte Frauenquoten durch. Das heißt, eine Stelle muß so lange mit weiblichen Bewerbern besetzt werden, bis eine festgesetzte Quote erreicht ist. Männliche Bewerber müssen abgewiesen werden, auch wenn sie besser geeignet und qualifizierter sind. Das führt immer wieder dazu, daß vor allem Führungspositionen mit unfähigen Frauen besetzt werden, die nur aufgrund dieser Quote in die entsprechende Position gekommen sind.

Wie die Erfahrung zeigt, sind Frauen in Führungspositionen sowohl in der Wirtschaft als auch in der Politik wesentlich härter und skrupelloser als Männer. Da sie oft meinen, sich unbedingt durchsetzen zu müssen und dem Glauben nachhängen, es den Männern »beweisen« zu müssen, wird knallhart und ohne Kompromisse durchgegriffen. Neben vielen Politikerinnen, die teilweise sogar ganze Kriege vom Zaun gebrochen haben, ist in der Wirtschaft nach dem Magazin Technology die HP-Chefin Carly Fiorina ein Beispiel dafür. Sie leitete von 1999 bis 2005 den Konzern. Die Entlassung wurde von den Mitarbeitern, bei denen die »königliche Schrecklichkeit« verhaßt war, mit Feiern begrüßt. Da die Managerin – nach Pressemeldung ohne technischen Sachverstand für die Produkte – nur auf den Börsenkurs geachtet hatte, wurden erstmals in der Firmengeschichte 15000 der 85 000 Mitarbeiter entlassen.[62]

Das Schlimme ist, daß Frauen in Führungspositionen zunehmend automatisch als »fortschrittlich« gelten und entsprechend hofiert und gefördert werden. Männer dagegen erhalten keine Vorschußlorbeeren und müssen sich von Anfang an bewähren. Von Frauen gegründete Unternehmen sind auch oft nur deshalb überhaupt erfolgreich, weil sie mehr Fördermittel erhalten als die von Männern.

Genauso können Frauen gerade im beruflichen Bereich oftmals Rechte in Anspruch nehmen, ohne die entsprechenden Pflichten auch zu übernehmen. Männer müssen beispielsweise zum Wehrdienst und auch im Ernstfall ihren Mann stehen. Währenddessen steht Frauen die Armee freiwillig offen, jedoch können sich diese im Ernstfall den Pflichten durch Verweis auf das Grundgesetz, das den Dienst für Frauen an den Waffen verbietet, entziehen.

Während Diskriminierung nach dem Geschlecht gesetzlich verboten ist, ist es zunehmend üblich und normal, daß beispielsweise Stellen im öffentlichen Dienst mit der Bemerkung »Frauen werden bei gleicher Qualifikation bevorzugt« ausgeschrieben werden. Diskriminierung von Männern wird normal, eine Ablehnung einer ungeeigneten Frau ruft den Gesetzgeber auf den Plan.

Vor allem im öffentlichen Dienst steht Frauen eine Reihe weiterer Sonderrechte zu. Beispielsweise gilt im Land Baden-Württemberg: Regelmäßig müssen Frauenförderpläne vorgelegt, Frauenvertreterinnen bestellt werden, eine explizit für Frauen konzipierte berufliche Weiterbildung gewährleistet, regelmäßige Gespräche zur Frauenförderung sichergestellt sein. Dazu müssen noch Maßnahmen zur Vereinbarung von Familie und Beruf, von denen Väter explizit ausgeschlossen bleiben, eingeführt werden, und es besteht die Verpflichtung, so viele Frauen wie Männer zu Vorstellungsgesprächen einzuladen – oder mehr. In Bereichen, in denen Männer unterrepräsentiert sind, spielt es jedoch keine Rolle, wie viele Männer eingeladen werden.

Männer haben weder eine Vertretung, noch werden sie irgendwie gefördert oder berücksichtigt. Das gilt nicht einmal in Bereichen, wo Frauen in der Überzahl sind, beispielsweise im Grundschulbereich, wo eine rein feminine Erziehung zu einer einseitigen Ausbildung der Kinder führt.

Doch mit der Tendenz juristischer Benachteiligungen ist es noch nicht genug. Man wundert sich, daß die Männer sich solche Ungerechtigkeiten ohne Widerstand gefallen lassen und fragt, warum denn nicht beispielsweise die vielen Millionen durch Scheidung finanziell ruinierten Männer schon längst auf die Straße gegangen sind. Dies war deshalb möglich, weil die Antimännerbewegung mit einer massiven Medienpropaganda verbunden war, indem jeder, der sich gegen diese Ungerechtigkeiten ausspricht, gleich als »Frauenfeind« diffamiert wird. Zug um Zug war es damit gleichzeitig möglich, die Frauen gegen die Männer aufzubringen.

»Die Liste der männlichen Benachteiligungen wäre beliebig fortsetzbar. Ein Journalist, der angesichts dieser nachprüfbaren Tatsachen dennoch behauptet, die Frau sei die Sklavin des Mannes – und das auch noch glaubt –, hat seinen Beruf verfehlt: Er kann nicht logisch denken.«

Esther Vilhar, »Das polygame Geschlecht«

Die Medien: Der Mann als Lachnummer

Zeitgleich mit den juristischen Änderungen wurde deshalb zunehmend eine Medienbeeinflussung in Gang gesetzt, in welcher der Mann als »Unterdrücker« und regelrecht als »Lachnummer« gebrandmarkt wurde. Es wurde fast normal, daß in Filmen oder der Werbung die Frau den Mann schlagen darf oder dieser als Tollpatsch dargestellt wird, während die Frauen scheinbar Karriere machen und überhaupt im Geschäftsleben nach Darstellung der Medien erfolgreicher agieren.

Schon in der Literatur zu den Geschlechtern wird eine deutliche Tendenz erkennbar: Der Mann wird als fehlerhaft dargestellt und soll sich ändern, während die Frau als das Gute an sich dargestellt wird, dem er sich anzupassen hat. Dabei geht es nur immer darum, daß der Mann so oder so sein soll; nie wird hinterfragt, welche Rolle die Frau in der Gesellschaft spielt und wie sie sich entsprechend ändern müßte, um dieser Aufgabe zu entsprechen. Einige Titelbeispiele der Geschlechterliteratur zeigt die einseitig feministische Darstellung deutlich:

- *Saskia Schlesinger:* »Blöde Männer«
- *Willy Breinholst:* »Männer taugen zu nichts«
- *Helene von Druskowitz:* »Der Mann als logische und sittliche Unmöglichkeit und als Fluch der Welt«

- *Dory Hollander:* »Die Lügen der Männer«
- *Alex Shearer:* »Wenn Männer zu oft lügen«
- *Jane Heller:* »Trau niemals einem Mann«
- *Ruth Rothmann:* »Sei ein Biest«
- *Wolfhart Berg:* »Hexen kennen keinen Karriereknick. Tipps und Tricks für den Erfolg auf die fiese Art«
- *Herb Goldberg:* »Der blockierte Mann«
- *Wilfried Wieck:* »Männer lassen lieben«
- *Wilfried Wieck:* »Wenn Männer lieben lernen«
- *Steven Carter und Julia Sokel:* »Warum der Mann nicht lieben kann«
- *Robin Norwood:* »Wenn Frauen zu sehr lieben«
- *Yvonne Kroonenberg:* »Sie liebt ihn, er sich auch«
- *Dan Kiley:* »Wenn Männer sich nicht ändern wollen«
- *Christiane Tramitz:* »Irren ist männlich«
- *Ina Paul:* »Lieber einen Mann als gar kein Unglück«
- *Dan Kiley:* »Das Peter-Pan-Syndrom. Männer, die nie erwachsen werden«
- *Peter Lauster:* »Die sieben Irrtümer der Männer. Der Mann muß zur Besinnung kommen«
- *Claudia Pinl:* »Das faule Geschlecht. Wie Männer es schaffen, Frauen für sich arbeiten zu lassen«
- *Yvonne Kroonenberg:* »Man gewöhnt sich an alles, nur nicht an einen Mann«

Auch vor der Verbreitung falscher Fakten scheut man nicht zurück: So wird immer wieder gebetsmühlenhaft behauptet, Frauen seien bessere Autofahrer. In Wirklichkeit ist das Auto meist auf den Mann zugelassen, so daß die Frau gar nicht in der Statistik erscheint. Gleichzeitig fahren Frauen im Schnitt wesentlich weniger Kilometer pro Jahr und haben deshalb weniger Unfälle. Rechnet man die Unfallhäufigkeit auf die gefahrenen Kilometer um, dann ist das Unfallrisiko von Frauen sogar bedeutend höher als das von Männern. Trotzdem räumen viele Versicherer weiblichen Kunden ungerechtfertigt Rabatte ein und diskriminieren damit Männer.

So bestätigte beispielsweise der Chef der britischen Regierungsbehörde für Führerscheinprüfungen, daß Männer den Frauen beim

Autofahren von Natur aus überlegen sind. Männer hätten »viel mehr natürliches Talent« zum Autofahren als Frauen, die in der Regel »eine ganze Menge mehr Unterricht« benötigten, bevor sie ihren Führerschein erlangen.[63]

In eine ähnliche Richtung gehen die Vorwürfe an Männer, daß sie nach einer Scheidung die Unterhaltszahlungen verweigern würden. Doch 93,5 Prozent der Väter, die sich mit der Mutter das Sorgerecht teilen, gaben an, Kindesunterhalt zu leisten, was auch 86,7 Prozent der Mütter bestätigten. Sind jedoch Mütter unterhaltspflichtig, dann zahlen 57 Prozent der unterhaltspflichtigen Mütter mit gemeinsamem Sorgerecht und 65 Prozent der unterhaltspflichtigen Mütter, bei denen der Vater das alleinige Sorgerecht hat, keinen Kindesunterhalt.[64] Das bedeutet, daß etwa neun von zehn Männern Unterhalt leisten, jedoch nur etwa vier von zehn Frauen. Es verhält sich also genau umgekehrt als öffentlich immer verlautbart wird: Männer zahlen zum größten Teil den Unterhalt, während Frauen dies in den meisten Fällen verweigern. Dabei ist zu beachten, daß die Verweigerung bei Männern meistens auf Arbeitslosigkeit und Armut zurückzuführen ist (58 Prozent), jedoch bei den Frauen nur zu etwa vierzig Prozent.

Die Entwicklung ging dahin, daß vor allem in den von Frauen beobachteten »Talkshows« Beziehungsfragen diskutiert und der Mann in der Regel meist unter »Buh«-Rufen als »Schwein« gebrandmarkt wurde.

Unzählige Zeitschriften und Bücher taten ihr Übriges, um »weibliches« Denken als »richtig« und männliche Verhaltensweisen als »aggressiv« und »falsch« zu diskriminieren.

Sogar in Liedern findet dies Auswirkungen: »Männer sind Schweine, Männer sind Ratten« oder »Weil ich ein Mädchen bin und sowieso gewinn« finden keine Kritik, während oft schon leiser Zweifel an diesen Methoden den Vorwurf der »Frauenfeindlichkeit« hervorrufen. Sogar zum offenen Männermord wird in einzelnen Internetseiten aufgerufen – etwas, was im umgekehrten Fall den Staatsanwalt aktiv werden ließe.

Sogar die Kindererziehung wurde in der Tendenz zunehmend auf »feminin« eingestellt. Die Lehrpläne wurden immer mehr auf die Bedürfnisse von Mädchen zugeschnitten ohne die von Jungen zu berücksichtigen. Es soll sogar Lehrpläne geben, in denen dazu aufgefordert wird, einseitig Mädchen (da diese scheinbar unterdrückt sind) für richtige Antworten zu loben und Jungen zu ignorieren. Dazu kommt, daß gerade der Grundschulbereich fast nur noch von Frauen bedient wird, die Kinder also von daher schon einseitig feminin erzogen werden. Amokläufe (als Ausbruch lange aufgestauter Wut) mit sinnlosen Tötungen wurden schon mit der fast ausschließlichen Feminisierung des Erziehungswesens in Zusammenhang gebracht.

»Wäre die Zivilisation in den Händen der Frauen geblieben, wir hausten noch immer in Berghöhlen, und menschliche Erfindungen hätten mit der Zähmung des Feuers ihr Ende genommen. Darüber hinaus, daß eine Höhle ihnen Schutz biete, verlangen sie von ihr nur, daß sie um einen Grad protziger sei als die der Nachbarsfrau.«

Marcus Tullius Cicero

Männer arbeiten mehr

Ein Argument, um immer noch mehr Privilegien für Frauen zu fordern, besteht darin, daß behauptet wird, Frauen würden mehr arbeiten und dafür weniger Bezahlung erhalten. Von »Doppelbelastung« durch Berufsausübung und Haushalt mit Kindern ist dort häufig die Rede. Wie jedoch eine Untersuchung des Politologen Peter Döge vom Institut für anwendungsorientierte Innovations- und Zukunftsforschung in Berlin ergab, sieht die Realität ganz anders aus: 94 Prozent aller Männer leisten Hausarbeit und arbeiten dafür pro Tag im Durchschnitt vier Stunden.

Wenn der Mann in einer Familie der Alleinverdiener sei, ist seine tägliche Arbeitszeit in Beruf und Haushalt zusammengenommen um eine Stunde und zehn Minuten länger als die seiner Frau. Der

Politologe schloß daraus, daß die klassische Rollenverteilung vom Vater als Geldverdiener und der Mutter als Hausfrau die Männer benachteilige. Er warnte vor dieser »Retraditionalisierungsfalle« und rief die Männer auf, diese »klassische Biographie« zu überdenken, da sie letztlich »draufzahlten«.[65]

Daß Männer tatsächlich längere Arbeitszeiten haben, wurde nicht zuletzt in einer Untersuchung des Statistischen Bundesamtes deutlich, die für Frauen eine um etwa zehn Stunden kürzere Wochenarbeitszeit als für Männer ergab.[66]

Die berufliche Privilegierung der Frau wurde auch im Mikrozensus 2004 des Statistischen Bundesamts deutlich, der ergab, daß kinderlose Frauen im Alter zwischen 30 und 45 Jahren insgesamt bessere Jobs hätten als gleichaltrige Männer. 59 Prozent der kinderlosen 30- bis 44-jährigen Frauen arbeiteten als gehobene oder höhere Angestellte beziehungsweise Beamtinnen. Das seien acht Prozentpunkte mehr als bei kinderlosen Männern.[67] Das bedeutet, daß Frauen inzwischen, wenn sie sich ganz auf ihre berufliche Laufbahn konzentrieren, weiter kommen als Männer.

In der Entwicklung, dem Mann immer noch mehr Arbeit zuzuschieben, wurde die Mär von der »Doppelbelastung« angeführt. Das erlaubte es der weiblichen Bevölkerung, sich der normalen Arbeit zu entziehen. So sehr auch die angeblich weibliche Überlegenheit im Arbeitsprozeß angeführt wird, will man davon nichts mehr wissen, wenn es um Unterhaltszahlungen nach einer Scheidung geht. Dann ziehen sich viele Frauen schnell zurück und berufen sich auf das »schwache Geschlecht«, das nicht arbeiten könne. Obwohl Männer mehr arbeiten und deshalb auch früher sterben, können Frauen demgegenüber früher in Rente gehen und auch medizinische Vorsorgeuntersuchungen wesentlich früher in Anspruch nehmen als Männer.

Doch die Medienkampagne gegen Männer geht noch weiter.

Die Zwangsprostituierten-Geschichte

Ein anderer Bereich, der genutzt wird, um Männer moralisch unter Druck zu setzen, ist die sogenannte Zwangsprostitution. Männer werden damit pauschal verurteilt, weil sie Bordelle aufsuchen, in denen Zwangsprostituierte arbeiten würden. Wenn so etwas tatsächlich stattfindet, dann ist das natürlich ein schweres, durch nichts zu entschuldigendes Verbrechen.

Doch es bleiben Zweifel an den veröffentlichten Zahlen, die ein deutsches Magazin anzweifelte: Danach würde in den Medien von 140 000 Zwangsprostituierten in Deutschland gesprochen. Dies würde bedeuten, daß 0,2 Prozent der BRD-Bevölkerung als Zwangsprostituierte gehalten werden – allein in einer mittelgroßen Stadt wie Bonn würde es demnach etwa 600 Zwangsprostituierte geben. Demgegenüber konnte die Polizei bisher in ganz Deutschland nur 1200 Zwangsprostituierte entdecken, wobei sie sich meist nur auf die Angaben der betroffenen Frauen stützt. Das eigenartige sei, daß den Prostituierten selber gar keine Zwangsprostituierten bekannt sind.

So äußerte eine ukrainische Bordellarbeiterin in dem Magazin, daß allein der Aufwand für den Zuhälter für die Bewachung und das Risiko, erwischt zu werden, viel zu groß sei, ganz abgesehen von der schlechten Arbeit, die gezwungene Frauen verrichten würden. Auch würden die Kunden solch eine Zwangsprostitution ablehnen, und ein Aussteigen wäre jederzeit möglich und sehr gefährlich für den Zuhälter: Eine Frau bräuchte nur einem Kunden eine Nachricht übergeben, und das ganze Zwangs-Bordell würde auffliegen. Die meisten illegal arbeitenden ausländischen Prostituierten würden bei der Polizei nur deshalb behaupten, zwangsprostituiert zu arbeiten, um eine Abschiebung in das Heimatland zu vermeiden – nur so kämen diese hohen Zahlen zustande. Auch würde es nicht stimmen, daß Armut die Frauen zur Prostitution zwinge, da es auf dem Schwarzmarkt genug Möglichkeiten der Arbeit als Erntehelferin oder Putzkraft gebe. Grund für die meisten, in der Prostitution zu arbeiten, sei einfach die Motivation, viel Geld in kurzer Zeit zu verdienen. Außerdem seien Osteuropäerinnen von deutschen Feministinnen noch nicht verdorben worden. Ihnen sei noch nicht so sehr eingeredet worden, daß sie bemitleidenswerte Opfer seien.[68]

Wie groß die Zwangsprostitution wirklich ist, weiß niemand genau. Gut eignet sich diese ganze Medienkampagne dazu, Männer moralisch zu verurteilen und zu diffamieren.

»›Geschlechtersensibler Unterricht‹ ist nicht etwa der letzte pädagogische Schrei, sondern längst Praxis. Nur steht dabei im Vordergrund, Mädchen zu stärken und aus den weiblichen Rollenfallen ausbrechen zu lassen. Jedes Schulkind kriegt heute beigebracht, daß Männer besser verdienen, daß zu wenige Frauen an den Schaltstellen der Politik und Wirtschaft sitzen, oder wie Ausländer, Schwule und Alte in unserer Gesellschaft diskriminiert werden. In so einer Welt verdienen Männer keine Unterstützung. So ist es ganz normal, daß es eine ganze Reihe von Programmen exklusiv für Mädchen gibt, um sie für Technik und Wissenschaft zu begeistern oder in die Berufe ihrer Eltern hineinschnuppern zu lassen, aber nichts dergleichen, das sich an Buben wendet.«

Der Standard, 2.7.2005

Die Folgen des Feminismus

Auf das Zusammenleben hat diese Entwicklung der ununterbrochenen Propaganda fatale Auswirkungen: Wenn jemandem ständig eingeredet wird, daß er etwas »besseres« sei und andere nur »minderwertig« sind, dann entwickeln sich dadurch Arroganz und aggressives Vorgehen gegen die »Minderwertigen«. Die heranwachsenden Mädchen verändern durch diese verbale Propaganda ihr Verhalten. Von klein an ist es normal, daß männliche Zeitgenossen eher geringgeschätzt, da »minderwertig« behandelt werden. Heute gilt es als gesellschaftlich anerkannt, wenn Männer schlecht behandelt und Frauen privilegiert werden. Allein das fragwürdige Scheidungsrecht hat bereits Millionen Männer in große finanzielle Schwierigkeiten gebracht.

Frauen haben in der Geschichte Großartiges geleistet, man denke nur an die Trümmerfrauen nach dem Zweiten Weltkrieg. Allerdings wird es heute durch entsprechende Propaganda so dargestellt, daß Männer eigentlich unnötig auf der Welt seien, während Frauen angeblich alles besser meistern würden. Übersehen wird, daß die menschliche Gemeinschaft auf beide Geschlechter zwingend angewiesen ist und dabei keiner besser oder schlechter ist. Angenommen, es gäbe plötzlich keine Männer mehr, dann würde innerhalb kürzester Zeit kein Computer mehr laufen, keine Autos würden mehr fahren, es würde keinen Strom mehr geben und so weiter.

Reine Männergesellschaften, wie beispielsweise die Armeen, beweisen demgegenüber, daß sie funktionieren. Praktisch alle Erfindungen und Entdeckungen wurden von Männern gemacht. An der Spitze aller Hochkulturen und Religionen oder Philosophien standen Männer, weniger Frauen. Warum haben die Frauen nicht beispielsweise das Bügeleisen, die Waschmaschine und so weiter erfunden, obwohl sie jeden Tag damit zu tun hatten? Warum mußten das Männer machen, wenn diese doch nach der heutigen Propaganda »unnötig« sind und nur die cleveren Frauen unterdrücken? Selbstverständlich gehören in eine stabile Gesellschaft auch Frauen mit den ihnen eigenen Fähigkeiten, jedoch diskriminiert die heutige feministische Propaganda den Mann und würdigt nicht dessen einzigartigen Leistungen, ja spricht ihm sogar ein Existenzrecht ab. Die Stärken der Frau und deren Aufgabe ist eben weniger auf dem Bereich der Technik, der Forschung und Entwicklung zu suchen, sondern mehr im sozialen Zusammenhalt der Gemeinschaft zu finden, was hier nötig ist und Anerkennung finden muß. Deshalb sollten sich Frauen auch, wie im Großteil der Menschheitsgeschichte, auf diesen Bereich konzentrieren und nicht versuchen, sich zu halben Männern zu entwickeln oder diese sogar von deren spezialisierter Funktion zu verdrängen. Es wäre das gleiche, wie wenn sich eine Katze einreden würde, sie wäre nur dann anerkannt, wenn sie sich wie ein Hund benehmen würde.

Der Irrtum besteht darin, daß die heutige technisierte Welt von der Frauenseite als selbstverständlich hingenommen wird. Männer, so wird angenommen, seien darin nicht mehr nötig, da alles von Maschinen erledigt werde. Es stellt sich dann so dar, wie es der

Schriftsteller Bernhard Bouvier beschrieben hat:

»Zivilisation ist geprägt von ›Technik‹.

Vor 300 Jahren ›schmiß‹ die Bäuerin den Hof, hatte »Schlüsselgewalt«, der Mann verrichtete das Grobe auf den Feldern und im Wald und saß dann abends im Wirtshaus. Die Frau spann währenddessen, kochte Seife, wiegte die Kinder, sah noch mal nach den Hühnern, stellte Mäusefallen auf, flickte, putzte, wusch, kochte ein, machte Holz, holte Wasser, schürte ein, etc ...

Sie war noch fleißig beim Spinnen, wenn der Mann aus dem Wirtshaus kam. Wahrscheinlich tat sie insgesamt mehr, verantwortungsvolleres, komplexeres, und vor allem länger, als ihr Mann.

Heute wird den Frauen von den Männern eine auf Knopfdruck zu bedienende Technik-Fertigwelt hingestellt:

Tagesablauf *(in Auszügen)*

- *Wecker klingelt (von Männern erdacht, von Männern hergestellt, von Männern transportiert, in von Männern organisierten Firmen vertrieben, mit von Männern erfundenen Batterien bestückt, die von Männern in von Männern errichteten Fabriken hergestellt werden, wenn defekt, von Männern repariert)*
- *Licht an (von Männern erdacht ... etc)*
- *Kaffeemaschine an (von Männern erdacht ... etc. ...)*
- *Heizung an (von Männern erdacht ...)*
- *Radio an (von Männern ...)*
- *Auto an (von Männern ...)*
- *auf die Straße (von Männern ...)*
- *über die Brücke (von Männern ...)*
- *Ampelstop (von Männern ...)*
- *Tanken (von Männern ...)*
- *ins Parkhaus (von Männern ...)*
- *Fahrstuhl (von Männern ...)*
- *Mineralwasser kaufen (von Männern ...)*
- *Föhn kaufen (von Männern ...)*
- *Zahnbürste kaufen (von Männern ...)*
- *Dose kaufen (von Männern ...)*
- *BH kaufen (von Männern erdacht ...)*
- *Tampons kaufen (von Männern erdacht ...)*

- *Babynahrung kaufen (von Männern erdacht ...)*
- *an die Kasse (von Männern erdacht ...)*
- *Scheckkarte zücken (von Männern erdacht ...)*
- *Regenschirm aufspannen (von Männern ...)*
- *U-Bahn fahren (von Männern erdacht ...)*
- *abends im Wasserbett (von Männern erdacht ...)*
- *Kondom benutzt (von Männern erdacht ...)*
- *Pille vergessen (von Männern erdacht ...)*

Als Gegenleistung geht die Frau mit dem Mann aus. (Und der begleicht dann die Rechnung.)

Um es den Frauen Recht zu machen, haben wir ihnen dieses Schlaraffenland hingestellt. Und sie meinen offenbar (irrig), das klappte wohl von ganz alleine, und eigentlich brauche es die Männer gar nicht: ›Ich kann mir mein Auto ja auch selber kaufen!‹ (Von Männern erdacht, von Männern hergestellt, etc ...).«

In der Gesellschaft führt diese Zerstörung der alten Ordnung zu einem regelrechten Chaos. Die Männer werden aus ihrer Position gedrängt und durch die Kampagne verunsichert, während die Frauen am Ende gar nicht mehr wissen, wo ihr Platz in der Gesellschaft ist. Für die meisten Menschen ist es wichtig daß sie in einer festen Ordnung aufwachsen, in der sie ihren Platz haben und ihre Sicherheit finden. Hier war das Rollenverständnis der Vergangenheit für die ganze Gesellschaft immer noch vorteilhafter als das heutige gleichmacherische Chaos. Die Menschen werden also durch die Gleichstellungskampagne verunsichert, was ganz im Sinne des Systems liegt. Menschen, die nicht ihren Platz im Leben gefunden haben, lassen sich nun in jede von oben gewünschte Richtung lenken und ausnutzen.

Auch die katholische Kirche weist auf diese gravierende Schieflage der Gesellschaft hin: Im Juli 2004 veröffentlichte der Vatikan einen Brief gegen feministische Strömungen. In diesem Papier wendet sich die katholische Kirche gegen die »Rivalitäten der Geschlechter«. Zudem kritisiert es feministische Tendenzen, die Verschiedenheit zwischen Mann und Frau vor allem historisch und kulturell zu erklären, biologische Unterschiede aber auf ein Minimum zu reduzieren.[69]

Männer und Frauen sind in jeder Hinsicht verschieden. Auch die Fähigkeiten, Begabungen und Aufgaben sind unterschiedlich. Gerade auf dieser Verschiedenheit baut überhaupt die menschliche Gesellschaft auf, nur das führt zu einer Weiterentwicklung und sichert deren Existenz. Wer das gewaltsam beseitigen will, handelt gegen Naturgesetze. Nicht umsonst kam es in allen Hochkulturen in deren Zerfallszeit zu einer Frauenemanzipation, wie Prof. Ruhland bereits vor über hundert Jahren ausführte.

»Kleine Mädchen konnten sich noch bestenfalls an die Power ihrer Mütter anschließen und sich zum Teil damit identifizieren, sie loteten diese Freiheiten für sich aus, wurden zu den kecken Girlies der Neunziger Jahre, für die die Errungenschaften der Frauenbewegung selbstverständlich sind. Doch oftmals mutierten sie zu unzufriedenen, narzißtisch verliebten, ewig gekränkten, zickigen jungen Frauen, die nörgeln und flunschen, wenn die Welt nicht so will, wie sie wollen.«

Der Feminismus und seine Folgen,
Autorin: Astrid von Friesen[70]

Einschüchterung der Männer

Wie eingeschüchtert die Männer inzwischen sind, wird in einer Analyse der Therapeutin Astrid von Friesen deutlich.

Sie wies darauf hin, daß sich spätestens mit den Achtziger Jahren die negativen Folgen des Feminismus zeigten und viele Männer regelrecht »frauenbefreiungsgeschädigt« gewesen seien, was sich in tiefer Verunsicherung und Entleerung zeigte. Zunehmend sei alles männliche unterdrückt worden, und nur die Weiblichkeit habe gegolten, weibliches Fühlen sei von vornherein als »richtig« dargestellt worden. Die Therapeutin wies dabei darauf hin, daß offenbar viele männliche Sozialarbeiter und Familienrichter »superfeministisch« geblieben seien, was sich bei unzähligen Sorgerechtsverfahren nach den Scheidungen zeige.

Als Therapeutin erschrecke sie die Unzufriedenheit der jüngeren Frauen, die weder mit noch ohne Mann, weder in der Ehe noch außerhalb zufrieden seien. Auch suchten diese gar nicht mehr gemeinsam nach neuen Lösungen. Viele von ihnen zernörgelten ihr Leben und ihre Liebesbeziehungen. Man wollte den neuen Mann, der über Gefühle reden könne, und sei dann doch unzufrieden, wenn er sich als Softie herausstelle. Der Mann solle alle unangenehmen Arbeiten erledigen, und trotzdem heiße es, daß die Männer nichts taugten. Dabei könne keine Frau konkret sagen, was ihr missfalle, es kämen keine nennenswerten Vorwürfe. Die Männer seien dabei so verunsichert, daß sie sich nicht mehr trauten, dagegen etwas zu sagen. In ihrer Praxis gebe es Patienten, die ihre Frau zu anderen Liebhabern fahren und geduldig im Auto warteten, um die Dame danach wieder heimzubringen. Oder die Frauen hätten schon solch einen Realitätsverlust, daß sie die wesentlich größere Arbeitsbelastung der Männer im Job und im Haushalt nicht mehr sähen. Dank gebe es dafür für die Männer keinen. Der Mann müsse sich heute völlig dem Geschmack der Frau unterordnen.

Als Ursache sieht die Therapeutin, daß die feministischen Frauen bei ihrem Kampf für Rechte völlig übersehen hätten, daß zwar die Welt in der Hand von Männern sei, doch diese Männermacht sich nur bei einem geringen Prozentsatz von ihnen konzentriere. Die anderen 99 Prozent der Männer seien, wie die Frauen, ebenso abhängig von ihrem Boss, den Männern der Wirtschaft und des Militärs innerhalb des Systems. Weiterhin hätten sich die Frauen immer in der Opferrolle gesehen und nicht erkannt, daß Männer auch leiden, jedoch nicht lautstark wie sie, sondern leise. Das Leiden der Frau sei zum heimlichen Thema der Talkshows geworden. Als Jäger und Bauern seien früher nicht weniger Männer gestorben als Frauen bei der Geburt. In den USA erlitten 95 Prozent der tödlichen Berufsunfälle noch heute Männer, weil sie fast allein die gefährlichen Berufe ausübten. Die Feministinnen wollten die Hälfte der Welt, jedoch keineswegs die gefährlichen und unangenehmen Arbeiten im Bergwerk, an den Hochöfen, bei der Müllabfuhr oder dem Schneeräumdienst übernehmen. Auch bei der Armee würden die amerikanischen Soldatinnen zu Friedenszeiten den männlichen

Kollegen gleichgestellt. Jedoch zu Kriegszeiten müßten sie keineswegs an die vorderste Front. Warum Männer diese Ungleichbehandlung so stumm und duldsam mitmachten, erklärte die Therapeutin damit, daß sie schon im Krieg alles sprachlos erdulden mußten. Die Söhne und Enkel der Kriegsteilnehmer würden dies nun auch wieder im Geschlechterkrieg machen. Es geschehe eine Wiederkehr des Verdrängten, und wieder fänden die Männer keine Möglichkeit, sich zu wehren, und litten in einer selbstzerstörerischen Passivität.

Ein weiterer Grund sei, daß zu viele Kinder ohne Vater aufwachsen würden bzw. ohne männliche Identifikationsfigur, da man den Männern das Sorgerecht abspreche. Die Auswirkungen auf die Kinder seien verheerend, und viele Untersuchungen wiesen darauf hin, daß gerade bei den Neofaschisten und Skinheads viele vom Vater verlassene Jungen zu finden seien, die das Männliche suchten und in die extreme Ecke abdriften. Die Mädchen dagegen würden narzißtisch werden. Ihnen bliebe nur der Spiegel übrig, aus Sehnsucht nach dem männlichen Blick. Doch auch der aufmerksamste Liebhaber könne diese tiefe Kindersehnsucht nach dem Vater nicht stillen, und deshalb würden die Frauen wieder zickig, dokterten an ihrem Äußeren herum und stellten die Männer als Versager hin. Wenn sie als Therapeutin nach den generationenübergreifenden Mustern frage, stelle sich oftmals heraus, daß in diesen Familien seit dem Zweiten oder sogar dem Ersten Weltkrieg nie ein Mann ganz zu Hause gewesen sei, da diese entweder im Krieg gefallen seien oder krank zurückkamen. Ein anderer Grund für die Männerunterdrückung sei, daß das Schweigen der männlichen Bevölkerung zum Schweigen und letztlich Verschweigen führe und die Männer damit nicht ernst von den Frauen genommen würden. Dazu komme, daß das Weibliche in den Ehen und Familien, in Kindergärten, Schulen und im therapeutischen Bereich gesiegt habe. Überall gäben Frauen den Ton an. Diese weibliche Übermacht habe Auswirkungen auf die Lehrpläne gehabt, was bewirkte, daß Jungen früher die Mehrheit an den Gymnasien stellten und heute zur Minderheit gehörten. Dagegen seien sie an Sonderschulen mit 63,7 Prozent überrepräsentiert. Das komme daher, daß der Lehrbetrieb mehr auf Mädchen eingestellt sei und auch der Lesestoff sich mehr an Themen, die Mädchen interessieren, orientiere. Auch in der Freizeit litten Jungen mehr als Mädchen unter dem verschwindenden Raum zum Spielen und fühlten sich auf kleinen eingezäunten Spielplätzen wie eingesperrte Raubtiere.

Deshalb seien nun eine neue Definition von positiver Männlichkeit und eine neue Diskussion um Frauen- und Männerrollen erforderlich. Das Pendel, das die Frauen in die eine Richtung hätten extrem ausschlagen lassen, sollte eine neue Balance finden.[71]

Ob es möglich sein wird, die Balance beim Geschlechterkampf nach dem vielen zerschlagenen Porzellan reibungslos zu finden, ist eher fraglich. Ein Pendel, das einmal in ein Extrem ausgeschlagen ist, schwingt zunächst in das andere Extrem, bevor es wieder die goldene Mitte finden kann. Es ist auch nicht einmal heute abzusehen, daß an einer Entschärfung der Situation gearbeitet würde. Im Gegenteil: Die Forderungen werden immer höher geschraubt, das Problem wird von der weiblichen Seite nicht einmal erkannt, sondern weitläufig negiert. Oft scheint es so, daß die meisten Frauen den Blick auf die Realität verloren haben. Man scheint sich in der These einig zu sein, daß auf Männer keine Rücksicht genommen werden müsse, da diese nur »Unterdrücker« seien – ganz nach dem Motto, das am Anfang der Feminismuskampagne stand: »Uns geht es gut, wenn es den Männern schlecht geht.«

»Das Ergebnis all dieser Versuche, die neue Frau zu sein: Die Beziehungen brachen auseinander. Alles sei besser, als in einer Beziehung zu leben: Um Gottes Willen, wie hältst du das noch aus? So redete man in den Achtziger Jahren unter Freundinnen. Der Hauptsatz hieß: Ich rate dir, Schluß zu machen. Die Achtziger Jahre bestanden daraus, Beziehungen zu beenden, kurzen Affären nachzujagen und oft ohne Anlaß das Handtuch zu schmeißen, immer auf der Suche nach etwas Besserem und dem ultimativen Thrill.«

Bettina Röhl,
Cicero, 30.3.05

Erzeugen von Mißtrauen

Durch die ganzen ungerechten Behandlungen der männlichen Bevölkerung wird zunehmend Mißtrauen zwischen den Geschlechtern erzeugt. In den USA ist es bereits so weit, daß 79 Prozent der Männer schon vor der Heirat befürchten, finanziell ruiniert zu werden, sollte es zur Scheidung kommen. Deshalb entscheiden sich immer mehr Männer dazu, ihr Vermögen in Sicherheit zu bringen, indem es Verwandten überschrieben wird oder Häuser auf deren Namen gekauft werden.[72]

Welche Folgen solch ein erzeugtes Mißtrauen in Zukunft auf die Gesellschaft haben wird, ist noch gar nicht abzusehen. Daß die zunehmend aggressive Einstellung der weiblichen Bevölkerung gegen die Männer jedoch einem angestrebten harmonischem Zusammenleben nicht zuträglich ist und Druck immer auch Gegendruck erzeugt – dessen scheint man sich nicht bewußt zu sein. Dieser Druck staut sich heute noch möglicherweise im Verborgenen auf wie bei einem Vulkan vor der Explosion.

Eine andere Art, mit der ein Mißtrauen der Frauen gegenüber den Männern erzeugt wird, sind die sogenannten Selbstverteidigungskurse für Frauen. Damit wird der Eindruck erweckt, daß jeder Mann ein potentieller Vergewaltiger sei. Obwohl die wirklichen Vergewaltigungen eher selten sind und wenn, dann meist im eigenen Bekanntenkreis stattfinden, wird mit solchen fragwürdigen Kursen unterschwellig eine Ablehnung der männlichen Bevölkerung als Ganzes induziert. Vor allem die dort gelehrten Schläge in die männlichen Geschlechtsteile lassen dann jeden Respekt des anderen Geschlechtes verschwinden. Was würde man wohl sagen, würden wegen der ausufernden weiblichen Gewalt entsprechende Kurse für Männer angeboten werden?

Mit der Zeit werden die feministischen Angriffe auf die sprachlosen Männer immer intensiver. Die neueste Stufe zielt darauf hin, das männliche Geschlecht an sich beinahe abzuschaffen.

»Wer zu Ende denkt, was das Frauenministerium gendernd und quasi unter Ausschluß der Öffentlichkeit bereits in die Tat

umsetzt, muß feststellen, daß schon jetzt ein erheblicher Wertunterschied zwischen Jungen und Mädchen gemacht wird. Nur schwach kann GM verbergen, daß hier eine Art pseudowissenschaftlicher ›Rassismus‹ und letztlich auch Sexismus zwischen den Geschlechtern initiiert wird, an dessen Ende eine männerlose Welt stehen könnte. Eine Allmachtsphantasie. (...) Man glaubt es kaum, daß nach den äußerst unguten historischen Erfahrungen ausgerechnet in Deutschland wieder Menschenzucht-Gedanken hoffähig gemacht werden, indem Wörter wie ›Genshopping‹ fallen oder der bessere Samen des ›Hallodri‹ gegenüber dem des im Hause vorhanden ›Pantoffelhelden‹ gepriesen wird: eine Vermischung von Mediensprache mit primitivster Vulgärwissenschaft.«

Bettina Röhl,
Cicero, 4/2005

Die Gender-Mainstreaming-Strategie

Die momentan letzte Stufe des Feminismus ist das sogenannte Gender Mainstreaming. Dabei geht man davon aus, daß es biologisch keinen Unterschied zwischen Männern und Frauen gebe und allein die Erziehung das spätere Verhalten bestimme, es also an sich keine Unterschiede zwischen den Geschlechtern gebe. Dies wird als erwiesen dargestellt, und nun muß alles getan werden, um in allen Bereichen des Lebens einen exakten Gleichstand der Geschlechter zu erlangen. Wird beispielsweise statistisch festgestellt, daß es dreißig Prozent Architektinnen und siebzig Prozent Architekten gibt, werden so lange nur noch Architektinnen ausgebildet und gefördert, bis zumindest Gleichstand erreicht ist, und dies unabhängig davon, ob es mehr weibliche oder männliche Bewerber gibt. Solche Maßnahmen wurden bereits 1999 in den Eckpunkten für den Gender-Mainstreaming-Prozeß festgelegt, der seither als durchgängiges Leitprinzip der Bundesregierung dient. Dabei sollen durch die Strategie der Gleichstellungspolitik Anerkennung und Verwirklichung von Frauenrechten als Menschenrechte festgelegt werden. Es sollen zur Erhöhung des Frauenanteils in Verwaltung und Politik gezielte Frauenförderungsmaßnahmen aufgelegt werden, um den Frauenanteil auf allen Hierarchieebenen, insbesondere an Entscheidungs- und Leitungspositionen, zu erhöhen. Gezielte Frauenförderungsmaßnahmen seien danach notwendig, um bestimmten Benachteiligungen von Frauen schnell und wirksam begegnen zu können und so die Voraussetzungen für die Umsetzung des Gender-Mainstreaming-Konzeptes zu verbessern. Dabei werden einseitig Frauen gefördert; in Bereichen, in denen Männer benachteiligt sind, soll es jedoch keine Änderungen geben. So heißt es ausdrücklich, »Ungleichbehandlung und Fördermaßnahmen (positive Aktionen) könnten sich daher als notwendig erweisen, um die Diskriminierungen der Vergangenheit und Gegenwart auszugleichen«. Letztlich sollen solche Maßnahmen zu einer geschlechtlosen Gesellschaft führen. Dabei wird alles Männliche von vornherein als böse, aggressiv und schlecht gebrandmarkt, während alles Weibliche als gut, friedfertig und intelligent gilt. Es wurde sogar schon vorgeschlagen, den 1. Mai (Tag der Arbeit) als Feiertag zugunsten des 8. März (Frauentag) abzuschaffen.[73]

Deutlich wird dabei, daß es anscheinend gar nicht um ein besseres Verhältnis zwischen Mann und Frau geht, sondern um einen inszenierten Geschlechterkrieg.

Doch nicht nur die verbalen und juristischen Attacken auf die Männer führen zu großen gesellschaftlichen Verwerfungen. Vor allem auch die Gesetze des heutigen Beziehungsmarktes bringen Männer in eine ausweglose Situation.

»Fraglich ist, was passieren wird.
Entweder werden die Männer mit allen Mitteln
auf ihr Ziel losstürmen und die Schlägereien vor
Discotheken sich häufen werden, oder es werden
sich mehr gleichgeschlechtliche Beziehungen

bilden. Unumstritten ist allerdings, daß sich die Männer jetzt auf jeden Fall wieder mehr anstrengen müssen, um eine Partnerin zu bekommen. Denn bald wird bei jedem Annäherungsversuch ein potentieller Konkurrent in der Warteposition stehen.«

3Sat nano online,
26.2.2002

Frauenmangel – der ungerechte Beziehungsmarkt

Zu den ganzen feministischen Folgen kommt noch ein völlig übersehener handfester Faktor: ein deutlicher Frauenmangel in den meisten westlichen Staaten, vor allem in Deutschland.

Für den Großteil der Bevölkerung ist dies völlig unbekannt, da in den Medien immer von einem »Frauenüberschuß« berichtet wird. Hier wird jedoch der Fehler gemacht, daß nur die Gesamtbevölkerung betrachtet wird, in der es bedingt durch den Zweiten Weltkrieg in der älteren Generation tatsächlich einen Frauenüberschuß gibt. Sieht man sich jedoch die Geschlechtsverteilung auf die einzelnen Jahrgangsstufen an, dann ergibt sich ein ganz anderes Bild:

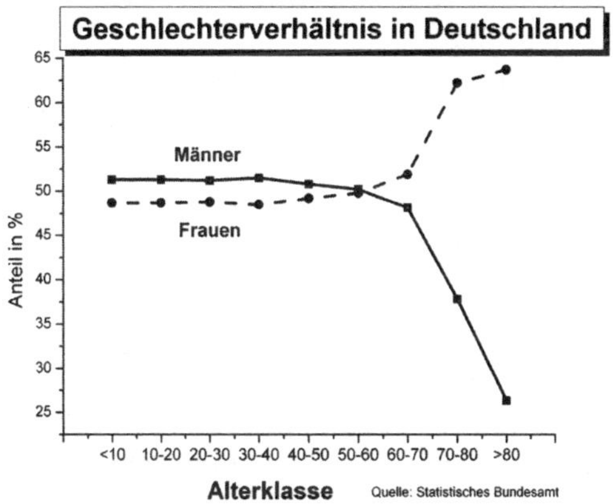

Abb. 4: Frauenmangel in der jüngeren Generation

Gerade in der Generation bis zur Altersstufe von fünfzig Jahren gibt es einen deutlichen Frauenmangel, der sich erst bei den älteren Jahrgängen in einen Frauenüberschuß verwandelt – bedingt durch den Männermangel nach dem Zweiten Weltkrieg und die frühere Sterblichkeit der Männer.

Wie sich dies deutlich auf das Leben auswirkt, wird deutlich, wenn der Anteil der Alleinlebenden untersucht wird: So leben beispielsweise nur ca. 15 Prozent der Frauen in der Altersklasse 30 bis 35 allein, während dies bei den Männern fast 30 Prozent sind.[74]

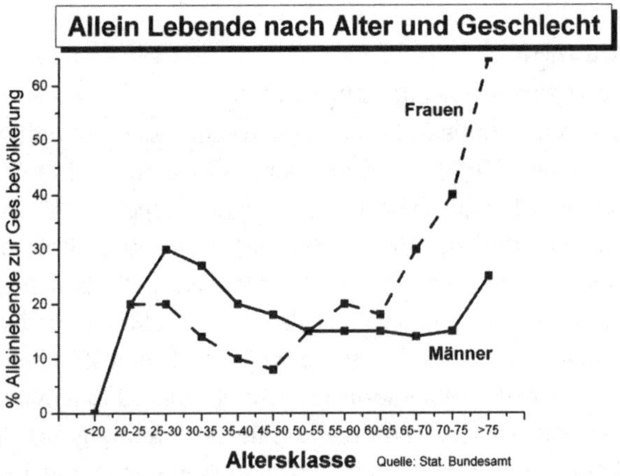

Abb. 5: Alleinlebende nach Alter und Geschlecht

Das Ergebnis ändert sich erst wieder jenseits des fünfzigsten Lebensjahres, durch die frühere Sterblichkeit der Männer und als Nachwirkung des Zweiten Weltkrieges.

Der Chemnitzer Soziologieprofessor Bernhard Nauck vom Vorstand der Deutschen Gesellschaft für Demographie erklärte schon im Jahr 2001, daß das, was hier auf uns zukomme, wie ein Hurrikan sei, der auf die Küste zurast. Bereits in sechs bis sieben Jahren würden sich im Osten Deutschlands zwei Männer um eine Frau bemühen müssen, das sei sicher. Nach gesicherten wissenschaftlichen Erkenntnissen vergrößere sich der Männerüberschuß einer Gesellschaft, je mehr die Bevölkerung schrumpfe. Dies ergebe sich daraus, daß Männer in aller Regel nach jüngeren Partnerinnen suchten und so die Auswahl wegen des Geburtenrückganges immer kleiner ausfalle. Zum anderen werden seit Beginn des 20. Jahrhunderts mehr Jungen als Mädchen geboren, wobei auf 105 Jungen nur 95 Mädchen kämen.[75]

Vor allem in den Jahrgängen 1964 bis 1974 kommt es zu einem dramatischen Frauenmangel. Statistisch ist der Mann bei Partnerschaften drei Jahre älter als die Frau. Dies wird mitunter sogar schon als eine biologische Konstante angesehen. Es wird davon ausgegangen, daß Frauen im Partnersuchverhalten immer einen im Schnitt um drei Jahre älteren Partner suchen – größere Altersunterschiede werden kaum akzeptiert. 95 Prozent aller Ehen in Deutschland liegen im Altersbereich +7 und –2; das heißt, der Mann ist nicht älter als sieben Jahre bzw. nicht jünger als zwei Jahre als seine Frau, wobei dies schon Extreme in der statistischen Verteilung darstellen. Außerhalb dieser Grenzen kommt eine Partnerschaft statistisch so gut wie nicht mehr vor. Das bedeutet, daß sich Partnerschaften in eng begrenzten Altersunterschieden finden. Da jedoch ab Mitte der Sechziger Jahre die Geburtenrate drastisch zurückging, finden beispielsweise die 700 200 Männer des Jahrganges 1967 nur noch 466 300 Frauen des Jahrganges 1972. Das bedeutet, daß diese Generation einen sehr massiven Frauenmangel aufweist. Ein Ausweichen dieser Jahrgänge auf jüngere oder ältere Frauen als im engen biologischen Suchraster der Frauen ist nahezu aussichtslos. Noch deutlicher wird es, wenn man die Altersgruppe weiter spannt und differenziert, ob die Menschen allein leben oder nicht: Dann stehen in der Altersgruppe der 30- bis 45-jährigen Deutschen den 2 086 800 partnerlosen Männern nur 938 600 ledige Frauen gegenüber. Allein mit diesen Fakten wird deutlich, wie massiv heute eine breite Altersklasse vom Frauenmangel betroffen ist. Das Statistische Bundesamt schreibt in seiner Broschüre »Leben und Arbeiten in Deutschland – Mikrozensus 2004« über die Alleinlebenden in Bezug auf die jeweilige Altersklasse folgendes: »Besonders stark waren die geschlechtsspezifischen Unterschiede in der Altersgruppe der 30- bis 34-jährigen. Dort machte die Differenz zwischen Männern und Frauen zwölf Prozentpunkte aus.« Das bedeutet, daß zwölf Prozent mehr Männer als Frauen alleine leben. Wobei noch nicht berücksichtigt ist, ob dies freiwillig oder unfreiwillig erfolgt. Gerade hier befinden sich jedoch meist die Frauen in einem freiwilligen und die Männer in einem unfreiwilligen Zustand. Achtzig Prozent der alleinlebenden Männer zwischen dreißig und fünfzig Jahren sind unfreiwillig allein.[76]

Den Opfern wird die Schuld zugeschoben

Man kann heute davon ausgehen, daß allein aufgrund der ungleichen Geschlechterverteilung einige Millionen Männer unter fünfzig Jahren ungewollt ohne Partnerin bleiben müssen. Das Schlimme ist, daß dieses Problem öffentlich gar nicht diskutiert wird und den Betroffenen eine individuelle Schuld zugewiesen wird. Es heißt dann, daß »jeder Topf einen Deckel finde«, sich das Opfer nur »mehr anstrengen müsse« oder »härter arbeiten« solle, um sein Problem zu lösen.

Wie unsinnig solch naiven Vorschläge sind, zeigt eine interessante Parallele zum Arbeitsmarkt: Dort wird auch immer versucht, den Opfern die Schuld zuzuschieben, und ihnen geraten, »sich mehr zu qualifizieren«, »härter zu arbeiten« oder sich »mehr anzustrengen«. Doch wenn sechs Millionen Arbeitsplätze fehlen, dann müssen eben sechs Millionen Menschen arbeitslos sein, egal wie sehr sich diese auch qualifizieren oder anstrengen. Zwar kann der einzelne seine eigene Chance durch individuelle Maßnahmen erhöhen, jedoch am Gesamtproblem ändert dies nichts. Selbst wenn alle studieren würden, hätte man am Ende eben sechs Millionen studierte arbeitslose Bauarbeiter und Putzfrauen.

Ebenso auf dem Partnermarkt: Wenn einige Millionen Frauen fehlen, dann bleiben zwangsläufig einige Millionen Männer ohne Partnerin, egal wie sie sich anstrengen oder arbeiten. Dabei sind heute nicht einmal die eher primitiven, unqualifizierten Männer vom Frauenmangel betroffen, sondern gerade die geistig regen und qualifizierten Männer tun sich schwer, eine Partnerin zu finden.

Anders als bei der Arbeitslosigkeit jedoch gilt ein »Versagen« auf dem Beziehungsmarkt für einen Mann als »Schande«. Deshalb wird darüber auch nicht gesprochen, und es sind kaum Statistiken hierüber zu finden. Die Opfer verkriechen sich und werden nicht selten psychisch krank oder steigern sich ganz im Sinne unseres Systems in eine Arbeitswut. Daß diese Beziehungslosigkeit jedoch in den seltensten Fällen am einzelnen Mann liegt, sondern am System, wird niemandem gesagt.

»Es wandern doppelt soviel Ostfrauen in den Westteil Deutschlands ab wie umgekehrt. Bedeutet das, im Westen wird es keinen Frauenmangel geben? Leider nicht. Denn auch unter Westfrauen gibt es Abwanderung, am stärksten in Richtung USA, aber auch nach Frankreich, England und so weiter. Und was viel schwerer wiegt: dieser Faktor wird nicht durch Zuwanderung ausgeglichen. Denn unter Zuwanderern sind am stärksten junge, alleinstehende Männer vertreten. Frauen wandern ab, Männer zu – kein Wunder, daß uns ein Frauenmangel ins Haus steht.«

Ego-net.de, Online Zeitschrift für die Psychologie des Alltages, 10/2002

Verstärkung des Frauenmangels

In den meisten Ländern auf der Welt sind Partnerschaftsprobleme wie bei uns unbekannt. Allein wegen des fast überall vorhandenen Frauenüberschusses konnte sich die Tendenz zur Diskriminierung von Männern nicht in dem Maße durchsetzen wie in Deutschland.

Dazu kommt, daß nach Umfragen bis zu zwei Drittel der alleinstehenden Frauen sich überhaupt keine Beziehung zu einem Mann wünschen. Der Trend geht in folgende Richtung: Die Frau ist durch das Überangebot an Männern auf dem Beziehungsmarkt so gesättigt, daß überhaupt kein Wunsch nach einer Partnerschaft mehr aufkommt. Es ist, wie wenn jemand ständig die besten Köstlichkeiten zu essen serviert bekäme – früher oder später würde ihm auch jeder Appetit vergehen. Das bedeutet, daß die Aufwertung der Frau durch den Frauenmangel gleichzeitig eine Verknappung des Angebotes und damit eine noch höhere Aufwertung des weiblichen Geschlechtes nach sich zieht – ein Teufelskreislauf!

In Zukunft wird sich auch eine durch die Medienpropaganda andere damit verbundene Entwicklung weiter verstärken: Ein besonderes und den ohnehin vorhandenen Mangel massiv verstärkendes Paradoxon ergibt sich aus der selektiven Sicht der meisten Frauen, dem sogenannten »Traumprinzsyndrom«. Viele weibliche Mitbewohner beklagen sich, daß sie keinen »Mann« finden würden. Doch das Problem resultiert nicht aus einem wirklichen Mangel an Männern (vergleichbar dem realen Frauenmangel in Deutschland), sondern aus einem subjektiven Mangel an Männern, welche die überzogenen, von den Medien propagierten Anforderungen erfüllen könnten. Für die Frau ergibt sich dann durch selektive Wahrnehmung ein scheinbarer »Mangel«, da alle Männer, welche die unrealistischen Anforderungen nicht erfüllen, gar nicht als Mann, sondern nur als unsichtbares Neutrum gesehen werden. Die Frau sieht gar nicht mehr die vielen männlichen Mitbürger, die sich um sie bemühen, da sie zu sehr dem von den Medien aufgebauten »Traumprinzen« nacheifert. Sie bleibt dann lieber alleine, als sich auf einen realen Mann einzulassen, der nicht wie der Traumprinz aus dem Fernsehen aussieht.

Es ist das gleiche, wie wenn jemand an einem voll gedeckten Tisch mit allen Köstlichkeiten der Welt sitzt und sich darüber beklagt, hungrig zu sein, weil alles, nur keine Erdbeeren auf dem Tisch stehen.

Die Forderungen an einen Mann gehen überspitzt in folgende Richtung:

- *Ein Mann soll »mitten im Leben stehen«, also Realist sein, dabei aber romantisch veranlagt sein.*
- *Ein Mann soll intelligent sein, aber nicht nachdenken.*
- *Ein Mann soll einhundertprozentig treu sein, aber auch für andere Frauen begehrenswert bleiben.*
- *Ein Mann soll Geld haben, aber keinen Beruf, der ihm keine Zeit mehr für die Frau läßt.*
- *Ein Mann soll Einfühlungsvermögen zeigen, aber er darf kein »Weichei« sein.*
- *Ein Mann soll Humor haben, aber wehe, er lacht die Falsche aus.*
- *Ein Mann soll gleichzeitig Hobbypsychologe sein (um die*

Frau überhaupt verstehen zu können), Spitzensportler (um im Bett gut zu sein), erfolgreicher Börsenspekulant (damit stets genug Geld im Haus ist), Seelsorger (um die Frau zu trösten, wenn es ihr schlecht geht), gut aussehen (damit Frau sich mit ihm zeigen kann) und noch einige andere Fertigkeiten besitzen. Nur eines darf er ganz sicher nicht sein: wertebewußt, weil das wiederum die genannten Forderungen im Keime ersticken würde, weil Glaubhaftigkeit ja auch zu den ideellen Werten zählt.

Kurz – ein Mann sollte so sein, wie es überhaupt nicht geht. Dabei hat immer der männliche Teil Vorleistungen zu erbringen, während sich Frauen auf das einfache, bequeme »Aussuchen« des Geeignetsten beschränken, ohne selbst aktiv zu werden.

Mit den Faktoren: realer statistischer Frauenmangel und »Traumprinzsyndrom« kommt es zu einem ganz massiven Unterangebot an weiblichen Mitbewohnern auf dem Beziehungsmarkt. Dazu kommen noch nach Umfragen etwa zwei Millionen Frauen, die für meist reiche, verheiratete Männer als »Zweitfrau« dienen und damit ebenfalls dem Beziehungsmarkt entzogen sind. Nicht zu vergessen sind die überwiegend männlichen, meist alleinstehenden Einwanderer nach Deutschland, die häufig sehr aggressiv um die Frauen mit den deutschen Einheimischen konkurrieren. Ausländische Frauen sind demgegenüber oft durch die Religion aus dem deutschen Beziehungsmarkt ausgeschlossen. Richtige Einwanderungspolitik müßte jedoch gerade junge Frauen aus dem Ausland einbürgern, statt den Männerüberschuß noch durch männliche Zuwanderung zu erhöhen. Das alles verstärkt die Problematik zusätzlich.

Die Zahl der Homosexuellen ändert an der Problematik nichts, da deren Verteilung auf die Geschlechter etwa gleich ist.

Hochgerechnet kann man damit sagen, daß auf eine Partnerschaft suchende Single-Frau heute in Deutschland vielleicht drei suchende Männer kommen. Das bedeutet einen völlig ruinösen Wettbewerb unter den Männern. Ähnlich wie auf dem Arbeitsmarkt, so muß der Mann heute auf dem Beziehungsmarkt »nehmen, was er kriegt« und ist damit, wie der Stellensuchende seinem Chef, auf Gedeih und Verderb seiner Partnerin und deren Launen ausgeliefert. Männer müssen sich zunehmend alle möglichen Unverschämtheiten und die Arroganz vieler Frauen gefallen lassen. Da ist es heute beispielsweise eine Art von »Volkssport« unter den jungen Frauen geworden, Männer regelrecht »heiß« zu machen, um sie danach wieder »abzuschießen«. Es soll sogar junge Frauen geben, die sich die Namen von an der Nase herumgeführten Männer als Trophäe an eine Pinnwand heften. Um seine Partnerin nicht schnell wieder zu verlieren, ist der Mann dabei früher oder später genötigt, eine unvorteilhafte, da juristisch für den Mann in Deutschland ungerecht geregelte Heirat einzugehen, womit er sich dem System völlig ausgeliefert hat.

Doch nicht nur die beziehungssuchenden Männer sind von dem gravierenden Frauenmangel betroffen: Auch wer schon verheiratet ist oder in einer Beziehung lebt, muß ständig darauf gefaßt sein, daß seine Frau ihren »Marktwert« ausspielt und sich einen neuen (vielleicht reicheren oder nur größeren) Mann sucht. Allein dieser Druck zwingt schon die männliche Bevölkerung zu immer härterer Arbeit und banalem Statusdenken, von dem sich in der Tendenz viele Frauen angezogen fühlen.

Frauenmangel und überzogene Anforderungen an Männer

Unter natürlichen Umständen gibt es immer einen Frauenüberschuß. Zwar werden mehr Jungen als Mädchen geboren, jedoch ist die Kindersterblichkeit unter den Jungen wesentlich größer. Nur durch künstliche Faktoren entsteht ein Frauenmangel. So werden beispielsweise in China und Indien massiv weibliche Föten abgetrieben, da die Eltern überwiegend Söhne haben wollen. Da man heute das Geschlecht des Kindes schon vor der Geburt einfach durch Ultraschalluntersuchung feststellen kann, entschließen sich immer mehr Eltern für die Abtreibung der Mädchen – in Indien beispielsweise waren in einer Klinik unter 8000 Abtreibungen 7999 Mädchen. Die Folgen sind dramatisch: Inzwischen kommen in China auf hundert Mädchen bereits 120 Jungen. In manchen Provinzen werden sogar auf hundert Mädchen 134 Jungen geboren mit steigender Tendenz. Experten weisen bereits darauf hin, daß dieser massive Frauenmangel zur Radikalisierung der Männer führen könnte. Marodierende

Banden enttäuschter Männer könnten sich bilden, was sogar auch international Auswirkungen durch Terrorismus zeigen könnte.[77]

Man sollte sich jedoch vergegenwärtigen, daß ein Frauenmangel in der ganzen Menschheitsgeschichte kaum je eingetreten ist. Erst in der heutigen Zeit kommt es durch künstliche Eingriffe zum Männerüberschuß. Vielmehr gab es immer einen deutlichen Frauenüberschuß, da einmal die Kindersterblichkeit unter Jungen viel höher war als unter Mädchen und zum anderen viele Männer bei der gefährlichen Arbeit oder in Kriegen ums Leben kamen. Eine Frau konnte also in früheren Zeiten durchaus von »Glück« reden, einen Mann zu finden, der sie heiratet. Ein noch viel größeres Glück hatte sie, wenn der Mann dazu noch intelligent, fleißig und nicht gerade Alkoholiker war. Ähnliche Anforderungen findet man auch heute noch in Ländern mit Frauenüberschuß beispielsweise in Osteuropa, wo ein Mann schon als gut gilt, wenn er nur seine Frau nicht schlägt (wie in drei Vierteln der dortigen Ehen). Ein Frauenmangel ist also ein in der Geschichte erst seit wenigen Jahrzehnten und auch nur in der westlichen Kultur aufkommendes Phänomen. Ohne einen deutlichen Frauenüberschuß wäre es nie möglich gewesen, beispielsweise in islamischen Staaten Ehen von Männern mit mehreren Frauen einzuführen.

Durch dieses drastische Ungleichgewicht geht die Entwicklung dahin, daß nach dem Gesetz von Angebot und Nachfrage die Forderungen der Frauen an die Männer immer größer werden. Reichte es vor einigen Jahrzehnten für den Mann, einen guten Charakter zu haben, ehrlich und fleißig zu sein, sind die Anforderungen heute wesentlich weiter gefaßt. Da finden sich heute schon in vielen (spärlichen) Kontaktanzeigen von Frauen Forderungen wie: »Nicht unter 1,90 m Größe« oder »wohlhabend« bzw. »Aussehen wie ein Schauspieler« und so weiter.

Der Mangel ist sogar schon so groß, daß sich beispielsweise auf die Bekanntschaftsanzeige einer querschnittgelähmten Frau, die eigentlich nur eine Freundin zum Gespräch suchte, dreißig Männer meldeten. Oder jemand schaltete als Mann eine Bekanntschaftsanzeige, die versehentlich in die Rubrik »Sie sucht Ihn« rutschte. Die Folge war wochenlang ein voller Briefkasten, während dieser nach Erscheinen der Anzeige unter der richtigen Rubrik leer blieb.

Dabei pervertieren die Anforderungen immer mehr. Da die Männer unter der ständigen feministischen Propaganda zunehmend eingeschüchtert sind, vermissen Frauen instinktiv typisch männliche Verhaltensweisen. Da sie jedoch den Mangel meist nicht rational erklären können, kommt es zu immer noch größeren Anforderungen, die ein Mann angeblich erfüllen muß. Da reicht es oft schon gar nicht mehr, wenn der Liebhaber 1,90 m groß und wohlhabend ist, es wird auch noch erwartet, daß er sich seiner Frau völlig unterwirft sowie seine ganze Arbeitskraft in deren Dienst stellt. Auch der zunehmende Sextourismus von Frauen in exotische Länder steht damit in Verbindung: Wegen des Überangebotes an Männern und deren Feminisierung werden diese in den Augen der Frauen nicht mehr als »Mann« wahrgenommen, sondern nur noch als unsichtbares Neutrum. Schon die Sprüche in Frauengesprächen: »Aber das ist doch kein Mann«, zeigen deutlich, daß vielen Männern sogar ihre Geschlechtseigenschaft abgesprochen wird. Umgekehrt sind solche verachtenden Aussagen bei Männern über Frauen nicht zu finden. Daraus resultiert dann ein anwachsender weiblicher Sextourismus hin zu nicht feminisierten Machos (bedeutet übersetzt: »echter Mann«), die man eigentlich ablehnt, aber dann zuhause doch irgendwie vermißt.

»Das Weib lernt hassen in dem Maße, in dem es zu bezaubern verlernt.«

Friedrich Nietzsche, Philosoph

Frauenansprüche hängen direkt vom Geschlechterverhältnis ab

Daß die Ansprüche von Frauen direkt abhängig vom Geschlechterverhältnis sind, wird daran deutlich, daß beispielsweise nach dem Zweiten Weltkrieg dieses Verhältnis – anders als heute – bei etwa einem Mann auf 1,6 Frauen lag. Damals gab es für Männer überhaupt keine Schwierigkeiten, eine Partnerin zu finden – selbst wenn er Kriegsinvalide oder sogar Alkoholiker war. Kriegsheimkehrer berichteten, daß sie, obwohl Invalide, über hundertzwanzig Angebote von Frauen auf eine Kontaktanzeige erhielten.

In Paraguay beispielsweise gab es Ende des 19. Jahrhunderts einen Krieg, in dem die meisten Männer umkamen. Das Geschlechterverhältnis betrug dann ein Mann auf 200 Frauen. Die Geschichtsschreibung berichtet, daß sich die Frauen um das Recht prügelten, mit dem Mann nur eine Nacht verbringen zu dürfen.

Heute sieht dies jedoch ganz anders aus: Einmal sind Partnersuchanzeigen von Männern viel häufiger als von Frauen (da sie es nicht nötig haben). Zum anderen ist das Durchschnittsalter der partnersuchenden Frauen wesentlich höher als das der suchenden Männer. Frauen bekommen im Schnitt über dreißig ernstgemeinte Angebote von Männern für eine Kontaktanzeige, Männer auf eine sehr gut formulierte Anzeige meist keines oder maximal zwei.

Pornographie, um Männer an das System zu binden

Dazu kommt die in den Medien gleichzeitig zur Feminismuskampagne und dem entstehenden Frauenmangel immer stärker aufgekommene Hang, Pornographie darzustellen. Was noch vor dreißig Jahren helles Entsetzen ausgelöst hätte, ist heute Standard in Medien und Werbung. Damit werden die Männer sexuell erregt und damit wieder animiert, sich den ungleichen Gesetzmäßigkeiten auf dem Partnermarkt zu fügen, was heißt: mehr arbeiten, um einen höheren Status zu erhalten und damit die überhöhten Ansprüche moderner Frauen zu erfüllen bzw. seine derzeitige Partnerin damit von der heute üblichen Trennung abzuhalten.

Was bei der Geschlechterdiskussion ganz vergessen wird, ist die Tatsache, daß Männer weit mehr sexuell von Frauen abhängig sind als umgekehrt. Der Geschlechtstrieb wird bei beiden Geschlechtern durch das männliche Hormon Testosteron ausgelöst, von dem Frauen nur ein Zehntel der Menge des Mannes besitzen und demnach auch einen etwa zehnmal schwächeren sexuellen Trieb. Das bestätigen auch Gehirnuntersuchungen mit der Computertomographie: Während beim Sex das Gehirn des Mannes zu dreißig Prozent ausgelastet ist, ist es bei der Frau nur zu etwa drei Prozent beschäftigt.

Damit steht Sex bei Frauen etwa auf der Stufe von Tätigkeiten wie Nagelfeilen. Das bedeutet alles in allem, daß die Frau dem Mann gegenüber einen Vorteil hat: Sie kann den Mann mit sexuellen Verlockungen gefügig machen. Nicht wenige Männer haben dafür schon ein Vermögen verloren.

Früher gab es einen Ausgleich: Die Frau war wirtschaftlich vom Mann abhängig. So war die Beziehung ein Geben und Nehmen zugunsten beider Seiten. Heute jedoch ist die Frau wirtschaftlich unabhängig und damit der Mann einseitig zum Bittsteller verurteilt – und so wird er dann auch behandelt. Unter dem ganzen Frauenmangel steht der unter großem Konkurrenzdruck werbende Mann bei der Frau in etwa auf der Stufe des Staubsaugervertreters, der ein Gerät verkaufen möchte, das eigentlich jeder schon hat und niemand mehr braucht.

Frauenmangel als Grundpfeiler der Antimännerbewegung

Der Frauenmangel stellt einen der Grundpfeiler der Antimännerbewegung dar. Bei einem ausgeglichenen Verhältnis wäre es wohl nie möglich gewesen, solch gravierende Ungleichbehandlungen in der Gesellschaft ohne Widerstand der Männer durchzusetzen. Nicht umsonst werden Männer, die Schlußfolgerungen aus dem Mangel ziehen und eine Frau aus dem Ausland heiraten, als »Ausbeuter« und »Unterdrücker« diffamiert. Ganz vergessen wird dabei, daß fast genauso viele deutsche Frauen einen ausländischen Ehemann (415 000) haben wie deutsche Männer eine ausländische Ehefrau (449 000).[78] Wäre die Medienkampagne anders, würde sich der Frauenmangel durch weibliche Zuwanderung sehr schnell auflösen und die ungerechte Frauenprivilegierung allein aufgrund der Marktgesetze nach Angebot und Nachfrage aushebeln.

Bei einem ausgeglichenen Verhältnis von Männern und Frauen müßte sich der weibliche Teil der Bevölkerung dann auch wieder für eine Partnerschaft engagieren, was der Stabilität von Beziehungen sehr förderlich wäre. Dann wäre es auch nicht mehr so einfach für sie, oft wegen nichtiger Anlässe eine Scheidung einzureichen in dem festen Wissen, wegen des Frauenmangels sofort wieder einen Partner zu finden.

»In einem Wirtschaftssystem, in dem Entlassungen verboten sind, findet ein jeder recht oder schlecht seinen Platz. In einem sexuellen System, in dem Ehebruch verboten ist, findet jeder recht oder schlecht seinen Bettgenossen. In einem völlig liberalen Wirtschaftssystem häufen einige wenige beträchtliche Reichtümer an; andere verkommen in der Arbeitslosigkeit und im Elend. In einem völlig liberalen Sexualsystem haben einige ein abwechslungsreiches und erregendes Sexualleben; andere sind auf Masturbation und Einsamkeit beschränkt. Der Wirtschaftsliberalismus ist die erweiterte Kampfzone, das heißt, er gilt für alle Altersstufen und Gesellschaftsklassen. Ebenso bedeutet der sexuelle Liberalismus die Ausweitung der Kampfzone, ihre Ausdehnung auf alle Altersstufen und Gesellschaftsklassen.«

Michel Houellebecq,
2000,
im Buch »Ausweitung der Kampfzone«

Mit der sexuellen Revolution zur Abhängigkeit

Mit dem Feminismus kam es zeitgleich auch zur sogenannten »sexuellen Revolution«. Dazu wurden künstliche Verhütungsmittel eingeführt (wobei natürliche und genauso sichere Verhütung beispielsweise mittels einfacher Temperaturmessung geflissentlich verschwiegen wurde) und durch scheinbare »Aufklärungsfilme« die Bevölkerung dazu, ermuntert mehr promiskuitiv zu leben. Das Motto hieß zu dieser Zeit: »Wer zweimal mit der Gleichen pennt, gehört schon zum Establishment«.

Heute nehmen die meisten Frauen (55 Prozent) zwischen 20 und 44 Jahren künstliche, hormonelle Verhütungsmittel.[79]

Allein mit den Verhütungsmitteln wurden schon massive Nebenerscheinungen erreicht: Man weiß beispielsweise heute, daß Frauen, die künstliche Hormonpräparate zur Empfängnisverhütung einnehmen, ihr Partnerwahlverhalten ändern. Wie die Forschung herausgefunden hat, sucht eine Frau ihren geeigneten Partner danach aus, wie er mit ihrem Immunsystem harmoniert, damit spätere Kinder eine höhere Immunität aufweisen als die Eltern. Über den Geruchssinn findet nun die Frau den geeigneten Partner. Frauen, die künstliche Hormone schlucken, wählen jedoch genau den Mann, der am wenigsten zu ihrem Immunsystem paßt.

Dies könnte erklären, warum heute zunehmend Männer von den Damen bevorzugt werden, die vor Einführung der künstlichen Empfängnisverhütung normalerweise abgelehnt wurden. Früher zählten Partner, die intelligent, treu und zuverlässig waren, zu den Favoriten, während heute beinahe das Gegenteil zählt: Draufgängertum, Alkoholismus und geringe geistige Qualitäten gelten vor allem in der jüngeren weiblichen Generation als »cool«. Intelligente, nachdenkliche, fleißige Männer gelten demgegenüber als »langweilig« und »uncool«. Was hier stattfindet, ist fast schon eine negative Auslese: Die Untüchtigen (Draufgänger, Alkoholiker, Schwätzer und Blender) dürfen sich fortpflanzen, während die Tüchtigen ohne Partnerin bleiben.

Zum anderen ändert sich auch das weibliche Verhalten. Die künstlichen Hormone blockieren beispielsweise bei vielen Frauen den Geschlechtstrieb, was das Partnerwahlverhalten entscheidend zu anderen Kriterien als unter natürlichen Umständen lenkt. Neue Untersuchungen fanden heraus, daß bereits eine sechsmonatige Einnahme von künstlichen Hormonen ausreichen kann, um den Geschlechtstrieb einer Frau irreversibel zu zerstören. Die Menge des Hormons Testosteron (das für den Geschlechtstrieb nötig ist) sank bei Pillen-Nutzerinnen bis auf ein Drittel des Wertes, der nötig wäre, um überhaupt einen Geschlechtstrieb auszulösen. Gleichzeitig wurde ermittelt, daß die künstlichen Hormone bei vielen Frauen unkontrollierbare Stimmungsschwankungen erzeugen.[80] Die Folge davon ist, daß Frauen nicht mehr natürlich empfinden und berechnend werden. Dann wird nicht mehr der Mann als künftiger Partner und Vater der Kinder ausgewählt, sondern die Wahl erfolgt materialistisch nach Einkommen und Vermögen. Dazu kommen die künstlichen Stimmungsschwankungen, welche die immer häufigeren hysterischen Anfälle mancher Hormonnutzerinnen erklären könnten.

Neben diesen fatalen und für die Gesellschaft kaum abschätzbaren Folgen legen die künstlichen Hormon-Verhütungsmittel die Entscheidungen über ein Kind ganz in die Hand der Frauen. Sie allein haben damit Einfluß darauf, ob es zur Schwangerschaft (mit hohen Unterhaltslasten für den Mann) kommt oder nicht. Was früher eine gemeinsame Entscheidung war, kann jetzt beinahe als Erpressung gegen den Mann eingesetzt werden. Da stellt sich die Frage, ob nicht die alte Ordnung die bessere war.

Die alte Ordnung

Man sollte sich immer vergegenwärtigen, daß die Menschen vergangener Jahrhunderte oder Jahrtausende nicht dümmer waren als die heutigen Leute. Weiter kann man davon ausgehen, daß, wenn etwas Jahrtausende in allen Kulturen und allen Erdteilen in einer bestimmten Form praktiziert wurde, dies auch einen Sinn gehabt haben muß. Die menschliche Kultur ist auch ein evolutionärer Prozeß, in dem langfristig alles Unvorteilhafte ausstirbt und das Vorteilhafte sich weiterentwickelt. Demgegenüber ist unsere »moderne Zeit« erst wenige Jahrzehnte alt und hat noch keine Bewährungsprobe hinter sich. In Bezug auf die Geschlechterrollen sieht es noch viel schlimmer aus, sollte Wissen aus alter Zeit zutreffen:

In allen Religionen und Hochkulturen war es sehr wichtig, daß die Frau vor der Ehe keinen Geschlechtsverkehr hatte, da dadurch, wie man meinte, eine Art »Prägung« auf den ersten Mann stattfand, die sich nach diesem alten Wissen auf die späteren Kinder übertrug. Man ging davon aus, daß ein Kind nur dann ideal mit den Eltern harmonierte, wenn die Mutter nur einen Mann hatte. Sollte dies stimmen, könnte man damit auch erklären, warum es im Mittelalter beispielsweise das Recht des jeweiligen Herrschers bei einer Hochzeit auf die erste Nacht gab (er prägte damit seine Untertanen). Oder es würde deutlich werden, warum noch heute in vielen Ländern im Krieg Vergewaltigungen dazu benutzt werden, um ein Volk zu schädigen, unabhängig davon, ob es zu Schwangerschaften kommt oder nicht.

Gestützt würde diese These durch die Tierzucht: Züchter von edlen Pferden oder Hunden gehen davon aus, daß der Nachwuchs nur dann ebenfalls edel ist, wenn die Mutter nur mit einem Männchen Kontakt hatte. Schon ein Kontakt mit einem unedlen Männchen machen nach diesen Annahmen allen Nachwuchs für die Zucht unbrauchbar, auch wenn er später von einem Rassemännchen gezeugt wurde. Das Weibchen ist dann für die Zukunft von jeder Zucht ausgeschlossen.

Ob dieses alte Wissen der Religionen und Hochkulturen stimmt oder nicht – zumindest macht es schon nachdenklich, daß dies in allen Ländern früher und auch heute noch so praktiziert wurde. Sollte dies in irgendeiner Form zutreffen, wären die Schäden der sexuellen Revolution nicht abschätzbar und würden unsere heutigen Generationenkonflikte und Partnerschaftsprobleme mit erklären.

Die fatalen Folgen – wenn zwei sich streiten, freut sich der Dritte

Die Kombination der Faktoren – juristische Ungerechtigkeit, feministische Propaganda und Frauenmangel – bringen die Männer vor allem in Deutschland in eine nahezu ausweglose Situation. Der Mann verliert dabei sein Selbstvertrauen – es kommt zu einem gesellschaftlichen Ungleichgewicht: Das überzogene Selbstbewußtsein und teilweise Arroganz, die vor allem die jüngeren, feministisch aufgewachsenen Frauen zur Schau tragen, ist nur scheinbar und genau der Teil, der dem Mann gestohlen wurde. Doch auch den Frauen selbst nutzt dies nur oberflächlich gesehen. Eigentlich ist der Mann der natürliche Beschützer der Frau (siehe Steinzeit). Durch den Keil, der in den letzten Jahrzehnten zwischen die Geschlechter getrieben worden ist, ist der grundlegende Zusammenhalt der Familie verloren gegangen, und beide Geschlechter sind unserem System schutzlos ausgeliefert.

Wie wichtig eine funktionierende Familienordnung ist, zeigt sich in armen Ländern, in denen ein Überleben nur durch eine klare Rollenverteilung und einen starken Familienzusammenhalt möglich ist. Wenn dieser Zusammenschluß zerstört ist, dann haben die Menschen auch ihre letzte Sicherheit verloren. Es ist noch gar nicht abzusehen, was passieren wird, sollte es zu einer großen Krise kommen und keinerlei Zusammenhalt in der Bevölkerung mehr vorhanden sein. Nicht umsonst heißt es: Wenn zwei sich streiten, freut sich der Dritte.

Der Sinn des Ganzen für das System: Wenn es für Männer immer schwieriger wird, eine Frau zu bekommen, müssen sich diese »mehr anstrengen« – also mehr arbeiten, mehr konsumieren, mehr auf Status achten und so weiter. Alles Faktoren, die in einem Ausbeutungssystem unabdingbar sind.

Wenn auch der Mann von sich aus gar nicht so mit dem Konsumsystem verhaftet ist und weniger arbeiten möchte, so zwingt ihn seine Partnerin bzw. der Wunsch nach einer solchen zum Materialismus. Durch die feministische Ideologie wurden die angeborenen Eigenschaften der Frau, wie der Wunsch nach materieller Sicherheit, dazu missbraucht und pervertiert, den Mann unter Druck zu setzen und damit das System am Laufen zu halten.

Das System hat durch diese Diskriminierung des Mannes mehrere Fliegen mit einer Klappe geschlagen:

Zum einen wurde ein Keil in die ursprünglich noch heile Familienwelt getrieben und damit der Rückhalt der Menschen gemindert. Zum anderen konnte durch die Privilegierung der Frau der Mann unter Druck gesetzt werden, um ihn besser an das System zu binden. Gleichzeitig haben die Frauen ihren natürlichen Beschützer verloren und sind damit ebenfalls dem System ausgeliefert. Durch diese massiven Eingriffe des Staates in das Privatleben wiederum hatte das System eine Legitimation gefunden, auch in die letzte Intimsphäre der Menschen einzudringen. Der inszenierte Geschlechterkampf stellt in der Tat eine der zentralen, folgenreichsten Spaltungen durch das System dar.

Bei einer genaueren Betrachtung wird deutlich, daß gerade die scheinbaren Gewinner dieser Spaltung, die Frauen, in Wirklichkeit mit den Männern zu den Unterdrückten und Ausgebeuteten gehören. Nutzen zieht daraus ein System, in dem die meisten verlieren. Leider sind Frauen oftmals nicht so begabt wie Männer, um zukünftige Entwicklungen vorherzusehen. Die Geschichte zeigt, daß, wenn etwas nicht im Gleichgewicht ist und sich in einem Extremzustand befindet, sich früher oder später das andere ebenfalls unvorteilhafte

Extrem durchsetzen wird – ähnlich einem Pendel, das von einer Seite zur anderen schwingt. Das bedeutet, daß das heutige feministische, männerfeindliche Extrem eines Tages schnell und plötzlich in das andere Extrem umschlagen könnte in eine wirkliche, in der Geschichte nicht bekannte Frauenunterdrückung. Das wäre selbstverständlich für die Gesellschaft ebenso ungesund wie der heutige Extremzustand der Männerdiskriminierung. Richtig wäre, daß man hier einen stabilen Gleichgewichtszustand findet, wie er früher vorhanden war. Doch dazu müßten die Frauen erst einmal erkennen, das sie von dem System nur instrumentalisiert und gegen ihren natürlichen Beschützer, den Mann, aufgehetzt wurden. Ob sie dies bei der weiblichen Gläubigkeit an Propaganda aller Art erkennen, ist fraglich. In einer falschen »Schwesternliebe« werden die immer drastischeren Forderungen der Feministinnen mitgetragen. Es erscheint dann als das Normalste der Welt, daß Männer diskriminiert werden. Die noch verborgene Unzufriedenheit der Männer wird leider von weiblicher Seite nicht gesehen, und die Zeichen der Zeit werden falsch eingeschätzt.

Dringend notwendig ist dazu eine grundlegende Reform unseres Systems. Es muß der Grund für die künstlich geschürten Feindschaften beseitigt werden.

WEGE ZUR STABILEN GESELLSCHAFTSORDNUNG

Die nötige Geldreform wurde im Buch »Börsenkrach und Weltwirtschaftskrise« schon ausführlich dargestellt. Deshalb hier nur eine kurze Zusammenfassung:

Um eine stabile Gesellschaft zu erhalten, ist es unumgänglich, zuerst ein stabiles Fundament zu schaffen. Da das Geld als Tauschmittel die Grundlage jeder höheren Kultur ist, muß dieses in Ordnung gebracht werden. Hier wurden bereits in der Vergangenheit wegweisende Gedanken veröffentlicht.

Silvio Gesell[81] (1862–1930)

Vor über hundert Jahren, im Jahr 1891, veröffentlichte der aus Deutschland stammende und in Argentinien tätige Kaufmann Silvio Gesell zum ersten Mal zusammenfassende Gedanken zur Reformation des Finanzwesens. Durch eingehende Beobachtung erkannte Gesell als einer der ersten den umfassenden Zusammenhang zwischen Schwankung des Durchschnittspreises und der umlaufenden Geldmenge. 1916 veröffentlichte er erstmals sein Hauptwerk, »Die natürliche Wirtschaftsordnung«, in der er ein geschlossenes Konzept vorstellte, das sowohl die Störungen der Wirtschaft erklärte, als auch eine Lösung aufzeigte. Der Ausgangspunkt von Gesell war die Beobachtung, daß Geld eine Überlegenheit über Ware und Arbeit habe. Während der Besitzer eines verderblichen Kartoffelberges im Wert von einer Million Euro sich beeilen muß, um seine Ware gegen das wertbeständige, universelle Zahlungsmittel Geld einzutauschen, kann der Geldbesitzer (mit einer Million Euro) praktisch beliebig lange warten, bis er die Ware kauft. Der Warenbesitzer muß dem Geldbesitzer einen Preisnachlaß gewähren, andernfalls investiert sich das Geldkapital nicht und wartet auf günstigere Bedingungen. Dieser Preisnachlaß kommt nicht durch Marktkräfte von Angebot und Nachfrage zustande, sondern durch die Überlegenheit des Geldes. Ähnlich ist die Situation bei der Arbeit: Während der Geldbesitzer warten kann, bis er sein Geld investiert, sind Unternehmer und Arbeitnehmer auf Arbeitslohn zur Bestreitung des Lebensunterhaltes angewiesen. Dabei müssen sie den potentiellen Investor durch Zahlung eines Betrages, den Zins, animieren, sein Kapital zu verleihen. Wird kein Zins gezahlt bzw. unterschreitet er die Mindesthöhe von zwei bis drei Prozent, so zieht sich das Geld ganz aus dem Geldkreislauf zurück und »streikt«. Das bedeutet, daß der Zins ein Lockmittel ist, um Geld überhaupt am Fließen zu halten. Dieser Zins hat nun die fatale Eigenschaft, letztlich die gesamte Welt auf den Kopf zu stellen, je länger das System läuft, bis am Ende alles in Krisen und Kriegen zerstört wird. Danach startet die gleiche Ordnung von vorne. Um den Zins aus der Wirtschaft zu entfernen, muß die Währung auf die Rangstufe der Ware herabsinken und die verlustlose Hortbarkeit verlieren. Gesell fand hier die Möglichkeit, einen Geldschein in einzelne Felder zu unterteilen, auf dem zum angegebenen Datum eine Marke (ähnlich Briefmarken) aufgeklebt werden muß, damit der Schein seine Gültigkeit behält.

Die Marken können bei einer Ausgabestelle der Notenbank erworben werden. Am Jahresende wird der Geldschein zu einhundert Prozent gegen einen neuen, mit leeren Feldern, umgetauscht. Dabei würde der Zins nicht plötzlich auf null Prozent heruntergehen, sondern allmählich, wie die Überlegenheit des Geldes abgebaut wird, sinken. Gesell nannte die neue, langfristig zinsfreie Währung »Freigeld« und die darauf aufgebaute Wirtschaftsordnung »Freiwirtschaft«.

Auswirkung umlaufgesicherter Währung

Die entscheidendste Folge wäre, daß solch ein Geld nicht mehr verlustlos gehortet werden könnte. Wer den Geldschein Zuhause liegen läßt, muß ständig Marken kaufen und aufkleben. Um dem Verlust zu entgehen, wird er das Geld darum auch gerne zinsfrei an jemanden weiterverleihen, der ihm dieses nach einem vereinbarten

Zeitraum zu einhundert Prozent in neuen Scheinen zurückerstattet. Einen Vorteil haben hier beide davon: der Kreditnehmer, da er einen zinslosen Kredit erhält, und der Geldverleiher, weil er dem zeitlichen Verlust entgeht.

Ein weiterer Vorteil des zinsfreien Geldsystems wäre die Möglichkeit, absolute *Preisstabilität* ohne Inflation und Deflation sicherzustellen. Gesell wollte diesen Zustand mittels eines Index über einen breiten Warenkorb, ähnlich unserer heutigen Inflationsberechnung, erreichen. Fällt der Indexpreis, gibt die Notenbank mehr Geld in Umlauf, indem dieses dem Staat zinslos zur Verfügung gestellt wird. Steigt hingegen der Preis, so muß dem Geldkreislauf Währung entzogen werden, was durch die Einnahmen aus der Umlaufsicherung (Klebemarkenverkauf) oder, wenn nicht ausreichend, durch eine Steuererhöhung geschehen könnte. Als besonders untauglich für ein funktionierendes Währungssystem erkannte Gesell den *Goldstandard* oder die Edelmetallwährung. Bei der Verwendung von Gold und Silber liegt die Deflationsgefahr bereits auf der Hand. Die aufstrebende Wirtschaft benötigt mehr Geld zur Verwendung als Tauschmittel, womit jedoch die Förderkapazitäten der Bergwerke nicht mithalten können. Schon entsteht ein Fehlbetrag, der die Preise sinken läßt und die Wirtschaft damit abwürgt. Ebenfalls steigt in aufstrebenden Phasen die Verwendung von Edelmetall für die Schmuckindustrie, wodurch wieder zu wenig Metall für die Verwendung als Tauschmittel übrig bleibt. Genauso ist es bei der Golddeckung, also der Regelung, daß die umlaufenden Geldscheine jederzeit zu einer festgelegten Rate in Gold eingelöst werden können.

Bestehen bleiben die Abhängigkeit der Geldmenge von der Förderkapazität der Bergwerke und damit die Unmöglichkeit, die Währung zuverlässig zu steuern. Bestes Beispiel, wohin solch eine Politik führt, war die Weltwirtschaftskrise der dreißiger Jahre. Durch den Börsencrash im Oktober 1929 waren die USA in eine Deflationsspirale geraten und zogen Kapital (Gold) aus Deutschland ab. Da hier eine sogenannte »Dritteldeckung« bestand, das heißt jede Mark zu einem Drittel in hinterlegtem Gold bei der Notenbank gedeckt war, kam es zur Katastrophe. Für jede Mark Gold, die aus der Notenbank abgezogen wurde, mußte die dreifache Geldmenge eingezogen werden. Das Ergebnis war der Wirtschaftszusammenbruch durch Deflation. Darum muß nach Gesell die Währung immer aus einem Material bestehen, das beliebig vermehrt werden kann. Um eine Flucht des Kapitals in den Boden zu verhindern, schlug Gesell eine *Bodenreform* vor. Boden stellt ein unvermehrbares Gut dar und kann deshalb grundsätzlich nicht auf dem freien Markt nach Angebot und Nachfrage gehandelt werden. Deshalb muß zur Geldreform eine Bodenreform stattfinden. Diese sollte durch allmählichen Aufkauf des Grundes durch die Gemeinden erfolgen. Hinterher sollte der Boden gegen Erbpachtzins meistbietend versteigert werden. Dabei darf das Eigentum an einem vermehrbaren Gut, wie einem Haus, nicht mit dem unvermehrbaren Boden verwechselt werden. Die durch eigene Leistung erwirtschaftete Immobilie bleibt grundsätzlich Eigentum des Besitzers, während Grund und Boden Eigentum der Gemeinde bleibt. Als privater Besitz bleibt die Immobilie voll gewinnbringend veräußerbar. Die Sicherheit des Eigentümers wäre hierbei ebenso gewahrt, wie Spekulation verhindert wäre.

Mit diesen beiden Maßnahmen hätten wir eine stabile Wirtschaftsordnung erreicht. Dazu ist noch eine Demokratiereform nötig.

Demokratie statt Parteiendiktatur

Die politischen Parteien sind ebenfalls ein Grund für die Gesellschaftsspaltung. Heute bestehen die meinungsbildenden Gremien alle aus Vertretern weniger Parteien. Alle vier Jahre erhalten die Bürger das Recht, aus einer eng begrenzten Auswahl an Parteien auszuwählen. Danach können diese für weitere vier Jahre schalten und walten, wie sie möchten, ja sie sind noch nicht einmal an ihre Versprechungen aus dem Wahlkampf gebunden. Ein Politiker kann das Blaue vom Himmel versprechen, ohne daß er später, wenn er in der Regierung sitzt, irgendwie für diese Lügen zur Verantwortung gezogen werden kann. Doch nicht nur das: Sogar für offensichtliche absichtliche Fehlentscheidungen kann kein Politiker belangt werden. Im schlimmsten Fall muß er zurücktreten und behält dabei sogar seine Pensionsansprüche. Für den unter Umständen gigantischen Schaden für das Volk wird er privat nicht belangt. Die Parteiendemokratie, wie wir sie heute erleben, ist im Grunde eine Art zeitlich begrenzte Diktatur – während der Regierungsperiode gibt es kaum Möglichkeiten, die Regierungen wieder abzuwählen.

Dazu kommt, daß es kaum eine Auswahl gibt. Die Parteiprogramme der großen Parteien ähneln sich und sind nur in Nuancen unterschiedlich. Kleinere Parteien werden außen vor gehalten, indem beispielsweise eine Fünf-Prozent-Hürde eingebaut wurde oder sie keine Wahlkampfkostenerstattung erhalten. Auch an die Teilnahme an Wahlen sind so hohe Hürden geknüpft, daß kaum je etwas neues kommen kann. So müssen vor der Teilnahme an Wahlen erst einmal in jedem Wahlkreis große Zahlen an Unterstützungsunterschriften gesammelt werden – und das nicht nur an der Haustüre, sondern die Unterstützer müssen dazu bei der Stadt- oder Gemeindeverwaltung persönlich erscheinen. Allein die Bequemlichkeit verhindert, daß je eine neue Gruppierung antreten kann. Die großen Parteien hätten das gleiche Problem, deshalb haben sie sich von dem Unterschriftensammeln freigestellt – wer schon mal im Parlament vertreten war, der braucht nie mehr Unterschriften zu sammeln.

Bei den Wahlen gibt es also faktisch keine Auswahl. Dazu kommt, daß parteiintern in »Listen« festgelegt wird, welcher Kandidat überhaupt antreten darf und an welcher Stelle der Liste er steht. Querdenker und Nicht-Systemtreue werden dabei schon im Vorfeld ausselektiert. Damit ist sichergestellt, daß dieses System kaum je durch etablierte Parteien geändert wird. Im Grundgesetz steht, daß die Parteien bei der Meinungsbildung »mitwirken«. Davon kann allerdings heute keine Rede mehr sein, wenn die gesamte gesetzgebende Kontrolle gerade eben von Parteien ausgeht.

Wahlbeeinflussung

Auch die Wahlen an sich sind überdenkenswert. Vor allem wird die freie Meinungsbildung vor allen Abstimmungen immer massiv beeinflußt, indem ständig Wahlprognosen veröffentlicht werden. Menschen, die mit den großen Parteien unzufrieden sind und planen, eine kleinere Alternativpartei zu wählen, kommen immer dann ins Grübeln, wenn die Prognosen veröffentlicht werden. Der kritische Wähler denkt, wenn nach den Umfragen seine favorisierte Partei unter fünf Prozent liegen wird, seine Stimme dann verloren wäre, da seine Partei ja doch keine Chance hätte. Also wird er dahin tendieren, »das kleinere Übel« – also eine der etablierten großen

Parteien, zu wählen. Dazu kommt, daß die allermeisten Menschen immer »mit dem Strom schwimmen« – also immer das wählen, was die meisten auch favorisieren. Dies sind selbstverständlich große, »etablierte« Parteien. Nur die wenigsten Menschen können es in der heutigen Massengesellschaft ertragen, zur Minderheit zu gehören, eine eigene Meinung zu vertreten oder gar ein »Außenseiter« zu sein.

Durch das ständige Veröffentlichen von Umfrageergebnissen werden die Meinung der Masse und damit der Ausgang einer Wahl entscheidend beeinflußt. Es werden damit von vornherein die großen Parteien gefördert und die kleinen diskriminiert. Nach der Wahl schimpfen zwar die meisten Menschen wieder über die gerade gewählten Politiker, vor der Wahl jedoch lassen sie sich immer wieder aufs neue von Versprechen und Umfragen blenden.

Marktwirtschaft als richtige Demokratie

Wie könnte man sich denn eine eigentliche Demokratie ohne Parteienherrschaft vorstellen?

Erst einmal sind die besten Entscheidungen die, die von selbst getroffen werden, die also gar nicht willentlich von jemandem festgelegt werden müssen. Hier ist die Marktwirtschaft die ideale Demokratie: Je nach Nachfrage werden Produkte hergestellt. Wenn neunzig Prozent der Menschen Bohnensuppe essen möchten, dann wird diese produziert. Wenn jedoch die anderen zehn Prozent lieber Tomatensuppe möchten, wird auch diese hergestellt. Unsere heutige Herrschaftsform würde bedeuten, daß Tomatensuppe gar nicht mehr hergestellt wird, da neunzig Prozent dagegen sind. Zehn Prozent der Leute würden diskriminiert werden!

Doch sind es heute nicht einmal Mehrheiten, die irgendeine Partei zur Herrschaft legitimieren: Angenommen, es gehen fünfzig Prozent der Bevölkerung zur Wahl, und die Partei xy gewinnt mit fünfzig Prozent der Stimmen, dann ist das alles andere als eine demokratische Entscheidung, denn die Partei wurde von gerade 25 Prozent (zum großen Teil eigene Parteimitglieder) der Bevölkerung legitimiert. 75 Prozent haben hingegen dieser Partei gerade keine Legitimation erteilt! Und doch soll gerade die Partei xy in Zukunft über alle Leute, auch die übergroße Mehrheit, die ihr keine Legitimation erteilt hat, herrschen.

Wenn man sich heute die Politik ansieht, dann besteht diese zum Großteil aus Wirtschaftspolitik. Irgendwie geht es immer darum, Gelder von hier nach dort fließen zu lassen. Selbst wenn es um irgendein Rüstungsprojekt geht, dreht es sich dabei im Hintergrund nur um Geld. Das bedeutet, daß, wenn wir eine funktionierende Marktwirtschaft hätten, Politik zum Großteil an sich unnötig wird, weil das meiste einfach durch den Markt geregelt wird. Das ist jedoch erst dann möglich, wenn das Geldsystem stabil funktioniert und das Geld zum reinen zinsfreien Tauschmittel geworden ist.

Gerechte Wahlen

Für die wenigen Entscheidungen, die trotz freier Marktwirtschaft noch nötig sind, läßt sich folgendes, wirklich demokratisches Wahlverfahren anwenden:

Grundsätzlich kann ich nur jemanden wählen und für ihn damit die Hand ins Feuer legen, wenn ich ihn vorher schon längere Zeit persönlich kenne. Ein Berufspolitiker, der von Millionen Wahlplakaten herunterlacht und den niemand persönlich kennt, ist unwählbar. Nicht selten muß gerade dieses Lachen dann später teuer bezahlt werden.

Nur jemand, der von vielen Leuten persönlich für fähig – da zuverlässig, intelligent, ehrlich und so weiter – eingeschätzt wird und der schon lange persönlich bekannt ist, nur so jemand kann sicher gewählt werden.

Um wirklich zu gewährleisten, daß keine Lumpen in die höchsten Entscheidungsgremien kommen und Lobbyismus verhindert wird, wäre folgendes möglich: Alle Einwohner – einschließlich Kinder – bilden selbstständig Zehnergruppen. Aus diesen zehn Personen wird einer ausgewählt, den alle für fähig halten, eine Führungsposition zuverlässig auszuführen. Die ausgewählten Personen aus der ersten Zehnergruppe lernen sich wiederum gegenseitig über einen längeren Zeitraum kennen und bilden dann wieder Zehnergruppen, aus denen wieder einer gewählt wird und so weiter – bis man bei der Anzahl an Entscheidungsträgern für ein Parlament angelangt ist. Alle Stufen sind zeitlich befristet; wird jemand dafür nicht mehr bestätigt oder in die nächste Stufe gewählt, dann scheidet er wieder aus der Regierung aus. Genauso muß auch jemand wieder abgewählt werden können, wenn er unfähig ist.

Wie würde das aussehen? Eine Familie bildet beispielsweise eine Zehnergruppe. Die Mehrheit der zehn ist sich einig, daß beispielsweise Onkel Otto ein sehr fähiger Mann ist und sich auch ausgiebig für eine Verbesserung der allgemeinen Zustände einsetzt. Deshalb kommt er in die nächste Stufe und arbeitet dort meinetwegen zeitweise in der Gemeindeverwaltung mit. Bei dieser Tätigkeit kommt er wieder mit vielen Entscheidungsträgern dieser Ebene zusammen. Eines Tages bilden diese wieder Zehnergruppen, und er wird nochmals in die Kreis- oder Landesregierung gewählt, aus der er dann wegen seiner von allen anerkannten Befähigung in die Bundesregierung gewählt wird.

So ein Wahlprozeß würde sich über mehrere Jahre hinziehen – da würden die Lumpen und Gauner schnell auffallen und könnten nicht in kurzen Wahlperioden ihren schlechten Charakter für die Zeit des Wahlkampfes verstecken. Demokratie wäre dann ein permanenter Prozeß, nicht immer nur ein kurzes Ereignis, nach dem das Volk keinen Einfluß mehr auf die Entscheidungen der Parlamentarier hat. Jeder hätte dann direkte Kontrolle darüber, wer aus seinem unmittelbaren Umfeld gewählt wird und wer nicht. Die ganze massenpsychologische Manipulation der Bevölkerung würde entfallen. Auch würden nur Leute nach oben kommen, die ihre Befähigung für lange Zeit unter Beweis gestellt haben.

ZUSAMMENFASSUNG UND AUSBLICK

Unsere angeblich moderne westliche Welt gerät zunehmend in eine Krise. Wer mit wachen Augen durch die Welt geht, der entdeckt, daß an allen Ecken und Enden das Gebäude einzubrechen beginnt. Kaum bekannt sind hingegen die Ursachen dafür. Die Kultur ist auf der Gesellschaft, diese auf der Wirtschaft und alles am Ende auf dem Fundament Geldsystem aufgebaut. Deshalb wirkt es sich immer stärker auf unser Leben aus, daß wir ein instabiles Geldsystem haben, das regelrecht explodiert: Die Verschuldung ufert immer weiter aus, und die Zinslasten ersticken jede Entwicklung.

Das alles spaltet die Gesellschaft in immer mehr Gruppen auf, die sich gegenseitig bekämpfen. Die Politik tut ein übriges dazu: Man möchte von den eigenen Fehlern ablenken und schürt geradezu alle Arten von Feindschaften.

Die breiten Medien beschäftigen derweil die Menschen mit sinnlosen Meldungen und manipulieren die öffentliche Meinung durch ständiges Wiederholen von gewünschten Meinungen. Durch die Unterhaltungsindustrie verkommen die Leuten und verlernen das selbständige Denken.

Dazu kommt, daß alles getan wird, um einen manipulierbaren Massenmenschen zu erzeugen. Schon in der Schule werden die Kinder dahingehend getrimmt. Die Lehrpläne werden immer schlechter, und selbständiges Denken wird bestraft. Jedes System will Massenmenschen haben, da diese leichter zu kontrollieren sind. Die Masse glaubt dabei alles, was oft und vehement behauptet wird – auch wenn es noch so unsinnig ist.

Die klassische Aufspaltung der Gesellschaft besteht in der zwischen Unternehmer und Arbeitnehmer. Vergessen wird bei diesem Streit, daß sich beide nur um die Brotkrumen streiten und die eigentlich großen Summen als Zinsgewinn an die kreditgebende Bank gehen. Dabei würde sich in einem stabilen System alles durch Angebot und Nachfrage nahezu von selbst regeln.

Ähnlich sieht es mit dem Gegensatz zwischen Jung und Alt aus. Man spielt beide Gruppen gegeneinander aus, indem man den Alten Angst um die Rente einjagt und den Jungen erzählt, daß sie bald nichts mehr verdienen würden, da alles für die Altersversorgung der Rentner benötigt werde. Ganz vergessen wird bei diesem Streit, daß überhaupt niemand diesen angeblichen »Generationenvertrag« unterzeichnet hat, daß er damit gar nicht existiert bzw. nichtig ist. Mit dem angeblichen demographischen Problem können die Leute wieder einmal wunderbar beschäftigt werden, und die »Angst vor der Rente« lähmt alle eigenen Aktionen.

Dabei ist es auch fraglich, wie demokratisch unser System überhaupt ist. Wenn von vornherein alle kleinen Parteien durch fragliche Fünf-Prozent-Hürden außen vor bleiben und durch Umfragen immer wieder die Menschen zu den großen Parteien gelenkt werden, sollte hinterfragt werden, ob es nicht bessere, wirklich demokratische Lösungen gäbe. Überhaupt werden die regierenden Parteien nur von einer Minderheit dazu legitimiert, über alle zu herrschen.

Diese Politik zeigt dann auch Folgen in der Gesetzgebung: Immer mehr Gesetze kommen, die zunehmend fraglichen Inhalts sind. Die Tendenz geht dahin, alle Bürger zu kriminalisieren, da niemand mehr leben kann, ohne gegen irgendein Gesetz zu verstoßen. Damit wird Angst in der Bevölkerung erzeugt, und Angst lähmt die Menschen wieder und zwingt sie zum Zuschauen. Ob europäischer Haftbefehl, Einschränkung der Meinungsfreiheit oder Antidiskriminierungsgesetze – immer mehr geraten arglose Bürger in Gefahr, von einem undurchschaubaren Rechtssystem zermahlen zu werden.

Dazu gehört auch der zügige Ausbau eines Überwachungsnetzes, das zunehmend die Menschen kontrolliert und in ihrer Freiheit einschränkt. Da werden RFID-Chips in Ausweisen und Geldscheinen eingesetzt, Kameras überwachen immer mehr Orte, Handys liefern exakte Bewegungsprofile, und eine genaue Konten- und

Telefonüberwachung gibt über die letzten privaten Geheimnisse Auskunft. Alleine gesehen wären diese ganzen Maßnahmen nicht besorgniserregend, doch in der Kombination nimmt ein Überwachungsstaat Form an, gegen den die Stasi beinahe harmlos war. Die Bürger sehen der Freiheitseinschränkung bisher tatenlos zu, da sie meinen, man schütze sie mit diesem Schnüffelnetz vor bösen Kriminellen und Terroristen, die angeblich hinter jeder Ecke lauern. Doch es wird ganz vergessen, daß man Sicherheit nie durch Aufgabe der Freiheit erlangen kann. Wer Freiheit aufgibt, um Sicherheit zu erlangen, der verliert am Ende beides!

Die folgenreichste Spaltung der Gesellschaft vollzieht sich jedoch in den Familien. Da die Familie der Rückhalt des einzelnen ist, werden die Menschen regelrecht wurzellos, wenn diese Urzelle eines jeden Staates zerstört wird. Doch die schnell steigenden Scheidungszahlen zeigen, daß hier eine massive Unordnung herrscht. Ursache dafür ist der Umstand, daß in den letzten Jahrzehnten die Frauen gegen die Männer aufgebracht wurden. Ihnen wurde erzählt, daß die Männer den weiblichen Teil der Bevölkerung seit Urzeiten unterdrückten. Vergessen wird jedoch dabei, daß beide Geschlechter in ihren Begabungen ungleich sind und die frühere Ordnung nur eine sinnvolle Arbeitsteilung darstellte. Durch diesen inszenierten Geschlechterkrieg jedoch wurden speziell in Deutschland die Männer in eine ausweglose Situation gebracht: Gesetze wurden geschaffen, die Frauen einseitige Privilegien einräumen. Speziell im Scheidungsrecht hatte dies fatale Auswirkungen. Dazu kommt eine Medienpropaganda, die alles Männliche als »schlecht« und alles Weibliche als »gut« darstellt. Vergessen wird dabei, daß in einer stabilen Gesellschaft beide Seiten nötig sind und sich harmonisch ergänzen sollten. Dazu kommt ein vor allem in Deutschland ausgeprägter Frauenmangel, der vor allem in der jüngeren Generation dazu führte, daß die Anforderungen an einen Mann in unrealistische Größen gewachsen sind. Männerfeindliche Gesetzgebung, Medienpropaganda und Frauenmangel jedoch bringen die Männer in eine hoffnungslose Lage. Von diesem Streit profitiert ein System, das auf Ausbeutung angelegt ist. Die Frauen haben leider nicht erkannt, daß sie auch nur instrumentalisiert und gegen ihren natürlichen Beschützer, den Mann, aufgebracht wurden.

Um wieder eine stabile Gesellschaft zu erreichen, ist es unumgänglich, daß die Grundlage, das Geldwesen, in Ordnung gebracht wird. Erst dann lösen sich die Feindschaften zwischen den Menschen auf, und es wird deutlich, daß gar nicht so viel Lenkung von irgendwelchen Politikern nötig ist. Ein grober Rahmen reicht für ein stabiles System vollkommen, es ist weder eine Gesetzesflut noch eine Einschränkung der Freiheit nötig. Eine Demokratiereform, die nicht mehr auf Parteien, sondern auf den einzelnen setzt, ergänzt dies. Wenn jedoch auf dem bisherigen, insbesondere geldpolitischen Kurs weitergefahren wird, dann ist ein Zusammenbruch unvermeidlich.

QUELLENVERZEICHNIS

[1] *Welt, 13.1.05*
[2] *Welt, 19.4.2005*
[3] *Welt, 15.2.05*
[4] *ARD, Report, 17.5.2004*
[5] *Hamburger Abendblatt, 9.4.2005*
[6] *Welt, 24.1.05*
[7] *Welt, 24.3.2005*
[8] *Börsen Zeitung, 26.1.2005*
[9] *Demographie, Mitteilungen der Deutschen Gesellschaft für Demographie, 6/2004*
[10] *Welt, 21.5.04*
[11] *Welt, 16.2.04*
[12] *Handelsblatt.com, 29.3.2005*
[13] *Welt, 20.1.05*
[14] *Heise online, 16.2.05*
[15] *Welt, 18.2.05*
[16] *Welt, 19.7.2005*
[17] *Carlo Alberto Agnoli, Der europäische Haftbefehl – Kürzester Weg in die Tyrannei, Verlag Pro Fide Catholica, 2004*
[18] *Focus online, 14.4.2005*
[19] *Inter Info, Feb. 2005*
[20] *Toko Hagen, 10.11.2001*
[21] *Süddeutsche Zeitung, 2.2.2005*
[22] *Welt, 29.1.05*
[23] *Financial Times Deutschland, 17.7.2005*
[24] *Süddeutsche Zeitung, 17.7.2005*

[25] *c´t Heft 1, 2005*
[26] *c´t Heft 1, 2005*
[27] *Yahoo, 25.1.2005*
[28] *Welt, 13.1.05*
[29] *Welt, 12.2.05*
[30] *Financial Times Deutschland, 14.2.05*
[31] *Welt, 8.2.05*
[32] *c´t Heft 23, 2004*
[33] *c´t Heft 26, 2004*
[34] *c´t, Heft 22, 2004*
[35] *Welt, 17.3.2005*
[36] *Süddeutsche Zeitung, 17.3.2005*
[37] *ARD, Panorama, 19.7.2001*
[38] *Welt, 3.1.05*
[39] *Welt, 2.2.05*
[40] *Financial Times Deutschland, 17.1.05*
[41] *Welt, 11.1.05*
[42] *Welt, 16.2.05*
[43] *Welt, 24.3.2005*
[44] *Welt, 23.4.2005*
[45] *Süddeutsche Zeitung, 11.2.05*
[46] *Welt, 29.1.05*
[47] *Süddeutsche Zeitung, 11.2.05*
[48] *Welt, 14.8.2004*
[49] *Welt, 30.8.2004*
[50] *Gustav Ruhland, »System der politischen Ökonomie«, Band 3, 1908*
[51] *Le Bon, Psychologie der Massen, Kröner Verlag, 15. Auflage, 1982*
Zusammengefaßt und zitiert von G. Hannich aus dem Original
[52] *Spiegel, 12.3.2005*
[53] *Welt, 8.1.2005*
[54] *Süddeutsche Zeitung, 12.1.2005*
[55] *Welt, 13.1.2005*
[56] *Welt, 9.7.2005*
[57] *Das Regional Magazin, März/April 2005*
[58] *Welt, 13.1.2005*
[59] *Welt, 31.1.2005*

[60] *Financial Times Deutschland, 11.1.2005*
[61] *Welt, 3.5.2005*
[62] *Technology – Das M.I.T. Magazin für Innovationen, 14.2.2005, im Internet – Aktuelles*
[63] *Yahoo Nachrichten, 13.2.05*
[64] *Kinderschutz Aktuell, 3/2003*
[65] *Welt, 10.7.04*
[66] *Financial Times Deutschland, 22.3.2005*
[67] *Financial Times Deutschland, 23.3.2005*
[68] *ef-magazin April 2005 Nr. 51*
[69] *wdr, 31.7.04*
[70] *SWR 2, 7.4.2004*
[71] *SWR 2, 7.4.2004*
[72] *Hossier Gazette, März 2005*
[73] *Bettina Röhl, Cicero, 4/2005*
[74] *Statistisches Bundesamt: Leben und Arbeiten in Deutschland, uni2003*
[75] *Informationsdienst Wissenschaft, Veröffentlichung der TU Chemnitz 4.12.2001*
[76] *Die Presse.com, 16.4.2005*
[77] *Süddeutsche Zeitung, 8.3.2005*
[78] *Statistisches Bundesamt: Leben und Arbeiten in Deutschland, Juni 2003*
[79] *Wirtschaftswoche, 21.9.2004*
[80] *Spiegel online, 30.5.2005*
[81] *Silvio Gesell: Die Natürliche Wirtschaftsordnung, 1984*

FINANZBERATUNG VORTRAGSVERANSTALTUNGEN DES AUTORS

Die wirtschaftliche Situation wird immer negativer. Der Autor bietet zum Thema Wirtschaft und Geldanlage interessante Vorträge an. Die professionellen, computergestalteten Lichtbilderveranstaltungen zeigen wirtschaftliche Entwicklungen leicht verständlich und anschaulich auf. In den abwechslungsreichen Seminaren werden nicht nur die notwendigen Abwehrmaßnahmen und Verhaltensregelungen auf eine sich abzeichnende Krise gegeben, sondern auch fundiertes Hintergrundwissen zum Finanzsystem vermittelt.

Einige Beispielfragen:

- *Was ist eine Deflation, und womit müssen Sie rechnen?*
- *Wie reagieren Sie am besten darauf?*
- *Die Krise als Chance*
- *Geldanlage und Vermögenssicherung*
- *Unternehmensstrategien in der Deflation*
- *Stabiles Geld – neues Finanzsystem gegen den Crash*

Daneben steht der Autor in der Diskussion dem Publikum für individuelle Fragen zur Verfügung. Auch für die Medien ist Günter Hannich gern bereit, in Interviews klar Stellung zu beziehen.

Individuelle Finanzberatung kann der Autor ebenfalls anbieten.

WEITERE BÜCHER DES AUTORS

< **Deflation – die verheimlichte Gefahr**
So sichern Sie sich ab und nutzen Chancen
2. Auflage
broschiert, 160 Seiten
ISBN 3-9808522-3-7
15.90 €

> **Geldcrash – Der Krisenwegweiser**
So retten Sie Ihr Vermögen
5. Auflage
Paperback, 160 Seiten
6 Karikaturen und 20 Grafiken
ISBN 3-00-005077-9
15.90 €

< **Bloß weg!**
Ihr zweites Standbein im Ausland
2. Auflage
Paperback, 160 Seiten,
zahlreiche Grafiken und Bilder
ISBN 3-9808522-2-9
15.90 €

> **Börsenkrach und Weltwirtschaftskrise**

> **Wer in der Schuld ist, ist nicht frei**

Vgl. ausführliche Vorstellung dieser beiden Titel auf den folgenden Seiten!

Die Welt befindet sich mit ihrem Finanzsystem in einem jahrtausendealten Teufelskreislauf aus Wirtschaftskrise, Krieg und Zusammenbruch

Die Aktienmärkte jagten von Rekord zu Rekord. Es entstand der Eindruck, daß jeder spielend ohne Arbeit reich werden kann. Dieses Buch wird Ihnen die Augen öffnen: Wir stehen vor der größten Weltwirtschaftskrise, die die Erde je gesehen hat.

Unser Geldsystem wird an seinen inneren Widersprüchen zerbrechen. Weil die Politiker und die Hochfinanz mit ihren internationalen Machtkartellen alles daran setzen, die Stunde der Wahrheit so lange wie möglich hinauszuzögern, bläht sich das System immer mehr auf. Die Umverteilung des Kapitals von Arm nach Reich geschieht immer schneller.

Doch die Finanzblase wird platzen. Eine Weltwirtschaftskrise von ungeahntem Ausmaß wird die Folge sein. Sie wird für die meisten zu unbeschreiblicher Armut und Elend führen, am Ende sogar zu einem neuen Weltkrieg. Niemand von uns wird sich diesem Desaster der Währungssysteme und dem Zusammenbruch aller Börsen entziehen können.

Günter Hannich hat mit marktschreierischen Untergangsvisionen, trotz dieser mehr als beunruhigenden Feststellungen, nichts im Sinn. Seine Analysen sind präzise und fundiert. Sie münden in konkrete Strategien und sind von bestechender Logik.

Günter Hannich hat so recht – es tut richtig weh!

Paperback
320 Seiten
zahlreiche Abbildungen
ISBN 3-930219-34-4
19.90 €

KOPP VERLAG
Pfeiferstraße 52
D - 72108 Rottenburg
Telefon (0 72 31) 14 70 - 235
Telefax (0 74 72) 98 06 - 11
info@kopp-verlag.de
www.kopp-verlag.de